THINK AGAIN

HOW TO REASON AND ARGUE

再—思考

一堂近百萬人爭相學習的杜克大學論辯課，
你將學會如何推理與舉證，避免認知謬誤

WALTER SINNOTT-ARMSTRONG

華特・西諾—阿姆斯壯 —————— 著

吳妍儀 —————— 譯

感謝史黛西．梅爾斯（Stacey Meyers）、麗莎．歐茲（Lisa Olds）、
黛安．馬斯特斯（Diane Masters）、戴娜．霍爾（Dana Hall）與所有的無名女英雄，
讓我能做我想做的事。

目錄

目錄　Contents

致謝
Acknowledgements

我很感激多年來每一位曾經跟我論辯過的人。我從你們所有人身上都受益良多。我從羅伯特・福吉林（Robert Fogelin）身上學到最多——我無法奢求比他更有啟發性的導師、合作者跟朋友了。我也要感謝艾迪森・馬利曼（Addison Merryman）在研究上的協助，還有我的編輯們：企鵝出版社的卡西安娜・伊歐尼塔（Casiana Ionita），還有牛津大學出版社的彼得・歐林（Peter Ohlin）——感謝他們的鼓勵與詳細的建議。對於書中這些議題，我受惠於與下列眾人的討論：勒達・科斯米德（Leda Cosmides）、莫莉・克羅科特（Molly Crockett）、阿莉莎・黛德麗（Alexa Dietrich）、麥可・葛詹尼加（Mike Gazzaniga）、山多・彥加（Shanto Iyengar）、朗・卡西米爾（Ron Kassimir）、麥克・林奇（Michael Lynch）、黛安娜・穆茲（Diana Mutz）、納特・波西利（Nate Persily）、麗茲・菲爾普斯（Liz Phelps）、史蒂夫・斯洛曼（Steve Sloman）、約翰・圖比（John Tooby）與雷尼・韋伯（Rene Weber）。我要感謝亞倫・安塞爾（Aaron Ancell）、愛麗絲・阿姆斯壯（Alice Armstrong）、艾斯科・布魯梅爾（Esko Brummel）、喬迪・卡本特（Jordy Carpenter）、琪拉・艾斯特洛維奇—魯賓（Kyra Exterovich-

Rubin）、羅絲・葛雷夫斯（Rose Graves）、珊卓拉・盧奇克（Sandra Luksic）、J・J・蒙克斯（J. J. Moncus）、漢娜・瑞德（Hannah Read）、莎拉・史考科（Sarah Sculco）、葛斯・史柯伯格（Gus Skorburg）、瓦萊麗・宋（Valerie Soon）、傑西・桑默斯（Jesse Summers）與西蒙・唐（Simone Tang）對初稿提出很有幫助的建議。

這本書的寫作計畫得到以下單位的慷慨資助：杜克大學巴斯跨學科研究（Bass Connections at Duke University）、社會科學研究理事會（Social Science Research Council），還有康乃狄克大學提供的子獎助金（獎助金的基金是由鄧普頓基金會〔John Templeton Foundation〕的獎助金58942號提供）。此書的內容責任全在於作者本人，並不必然代表康乃狄克大學、鄧普頓基金會或任何贊助者的官方立場。

前言：我為何寫下本書
Preface: Why I Wrote This Book

我以前在達特茅斯學院、現在在杜克大學教理性思考與論證的課程，已經超過三十五年。許多學生告訴我，我的課程在他們人生中的許多不同領域裡都有幫助。他們讓我有動力繼續教下去。

而在我的學生學會怎麼論辯的同時，世界上的其他地方卻失去這種技巧了。在政治界還有個人生活中，論述與溝通的水準已經達到了新低點。在選舉年，我的課程總是會討論總統辯論中的論證範例。在一九八〇年代，我要在辯論雙方陣營找到論證全無困難。到了今天，我能找到的就只有口號、斷言、笑話跟嘲弄，但鮮少有真正的論證。我看到的敷衍打發、貶低、辱罵、指控與迴避問題，多過於針對重要問題的實際交鋒。今日的街頭示威可能比一九六〇年代來得少，但還是少有一同論理並了解彼此的認真嘗試。

我忍不住要做出這個結論：我們的文化，就像我的學生，可以從一劑強效的理性思考與論證之中獲益。當我在二〇一〇年轉往杜克大學的時候，我得到機會，透過大規模開放線上課程（Massive Open Online Courses，簡稱 MOOCs）這個神奇的媒介來接觸更廣大的閱聽大眾。我跟我的朋友藍・尼塔（Ram Neta）在大規模開放線上課程開課（在 Coursera 平台上叫做「再思考」〔Think Again〕），吸引了來自一百五十個國家、超過九十萬名的註冊學生。這種驚人的反應讓我相信，世界各地的人都有一股渴望，要學習如何理性思考與論辯。當然，並不是我所有的學生都完成了整套課程，學會如何好好論辯的人又更少

——但許多人做到了。我希望他們的新技巧，會幫助他們理解他們的鄰居，並且與這些人一起攜手合作。

你手中有的（或者在你螢幕上的？）這本書，是朝這個方向邁出的另一步。我的目標是顯示論證是什麼，還有論證能造就出什麼好處。這本書不是在講怎麼贏得論辯或者打敗對手，反而是在談理解彼此，還有鑑別有力的證據。本書教的是邏輯，而不是詭辯之詞。

雖然這本書一開始是要當成談論如何論辯的手冊，我卻領悟到我也需要在開頭解釋人為何應該要論辯。動機上的討論接著就變成了本書的第一部：為何要提出論證？談怎麼論辯的課程則變成第二部，然後以談如何不去論辯的第三部來補完。在本書最後，我希望你們會既有意願、也有能力去論辯並評估論證，而且也能為其他人提供動機與模範，讓他們加入你們，進行建設性的交鋒。這些技巧可以改善的不只是你們的生活，還有我們共享的社會。

導論：我們的文化陳規
Introduction: Our Cultural Rut

災難威脅著我們的世界。戰爭持續不斷，恐怖主義司空見慣，移民尋求庇護。貧窮問題極端嚴重，不平等的程度正在成長。種族緊張關係日益升高，女性受到虐待。氣候變遷的危機逼近，種種疾病失控蔓延，健康照護費用節節高升。學校環境逐步惡化。新聞讓我們大受打擊，心情低落。

這些危機的範圍與規模都極其巨大。以其涵蓋範圍之廣，要是沒有廣泛的合作，這些問題都不可能被解決。的確，真正的解決方案需要信念與價值觀互有衝突的歧異團體攜手合作。不只是好戰分子需要停止對抗、種族主義者需要停止歧視、無知的傻瓜需要學到基本的事實；除此之外，我們之中不是好戰分子、種族主義者或傻瓜的人，儘管有差異跟歧見，也需要共同努力。除非有幾個各有不同目標與預設的國家，對於難民問題的本質與解決方案達成一致意見，然後一起說服每個人做好自己份內的工作，就不可能解決難民問題。除非世界各國同意有氣候變遷的問題存在，然後減少製造溫室氣體，氣候變遷問題就不可能解決。直到每個國家都拒絕成為恐怖分子避風港以前，恐怖主義問題也不可能被終結。讓一個人、甚至是一個國家來決定該做什麼，然後獨自進行，絕對是不夠的。他們也需要說服許多其他人跟著參與。

這些論點還滿明顯的。沒這麼明顯的是，為什麼聰明又關懷世事的人沒有就這樣著手進行。為什麼他們不共同合作，解決他們的共同問題呢？當代科學給我們驚人的能力去學習、溝通，並且掌控我們的未來。然而我們沒能善用這些能力。搞定的事情這麼少，迫在眉睫的事卻這麼多！就算有某些不幸的團體比其他團體受害更深重，同樣的問題對於爭議的正反雙方來說都不好。然而各國的政治家——其實同一國家內的政治家亦然——都在耍嘴皮子而不是合作，損害而非支持，插嘴而非聆聽，劃下界線而非提出能達成共識的妥協方案。政治家沒有解決問題，反而是增加問題——或者提出明知道對手會立刻拒絕的解決方案。某些例外——知名的例子是針對氣候變遷問題的《巴黎協定》——顯示出各國能夠如何共同努力，然而這樣的合作實在太少見了。

不只是在政治界如此：臉書、Skype、Snapchat、智慧型手機與網路，讓我們比過去更容易進行全球溝通，確實也有許多人花很多時間跟朋友們談話。雖然如此，這些交流幾乎總是發生在有相同世界觀的盟友同溫層裡。此外，網路上的論述已經達到一個新低點了。複雜的議題被縮減到兩百八十字元的推文，或者更簡短的標籤與口號。就算是富含思想的推文跟部落格貼文，通常也會碰上網路小白的蔑視、嘲諷、搞笑跟辱罵反應。溫和的意見遭遇的是偽裝成機智卻毫無節制的侮辱，還刻意散播對於敵手的錯誤詮釋。網路讓大量批評者更容易迅速、惡毒又不假思索地發動攻擊。這種新媒體與文化獎勵咆哮怒罵而非謙遜節制，而且讓人少有誘因要關切別人或小心行事、要公平或重視事實、要表現可靠或深思熟慮。花言巧語贏得按「讚」，理性思考被按「怒」。應該被我們當成工具的媒體，形塑了我們的行動與目標。

當然，這幅陰暗的畫像並不總是準確的，但描繪精準的時候卻太常見了。而這許多不同的問題，大半有相同的源頭，就是缺乏互相了解。有時候人會避免交談。甚至在他們真正開口的時候，在重要議題上也鮮少溝通觀念。因此，他們想不出來為什麼其他人相信他們說的話。政治家無法一同工作，至少有一部分是因為他們不理解彼此。對手如果不理解為什麼會有必須背負的重擔，他們絕對不會同意背起他們的那份負擔。

有時候，缺乏了解可能是因為人有互不相容的世界觀或衝突的預設，阻撓了相互的理解。然而在政治對手之間，太常見的狀況是他們甚至不去**嘗試**了解彼此，這有一部分是因為他們看不出主動溝通、處事公平，能帶來什麼個人或政治上的好處。其實，他們常常有強烈動機既不主動溝通，也不公平處事。推特用戶與部落格格主在網路上肆無忌憚暴走，因為他們的目標是以他們的笑話或嘲諷，收集到更多的讚。在網路上，他們要是嘗試公平看待爭議性辯論的另一方，不會得到太多回報。既然他們認為自己的嘗試注定失敗，又無法從中得到任何回饋，他們為何要嘗試理解對手？誠然有許多有趣而深具洞見的對話，確實是在推特與網路上出現的，但大量潛伏的網路小白嚇走了許多可能做出貢獻的人。

他們放棄理解之後，就轉向刻意誤解與扭曲詮釋。分歧辯論的雙方人馬，反覆把話塞到對方陣營的嘴裡，然後加以反駁或嗤之以鼻：「我真想像不到他們為什麼會那樣想。」當然他們想像不到對手為什麼會那樣想，因為他們正是用讓對手的觀點顯得愚蠢的方式，來炮製出那些觀點。他們知道，或者應該知道他們正在扭曲呈現他們的對手，但他們不在乎。他們的目標不是說服對手，或者體會他們的立場。他們尋求的只是藉由辱罵對手來取悅盟友。

這些態度損害了尊重、連結與合作。你堅持你的立場，我堅持我的。我無法理解你為何能夠如此盲目，你也搞不懂我為什麼這麼固執。我不尊重你的觀點，你也還以顏色。我們互相謾罵，而且開始鄙視對方。我不想跟你會面，你也不想應付我。我拒絕妥協，你也一樣。我們沒有一個人敞開心胸，面對合作的任何可能性。我們毫無進展。

我們怎麼會落入現狀？

我們怎麼會落入這種文化上的坑洞裡？我們要怎麼樣爬出來？當然，完整的說法很複雜。任何像文化這樣範圍廣大又錯綜複雜的事物，一定都有許多面向與影響。這些議題不應該被過度簡化，但想要同時討論所有的複雜之處，會讓人暈頭轉向。所以，這本小書只會強調並探索問題的一部分。我把焦點放在這個部分，是因為它通常會被忽略，因為它很基本，因為它在我的專業範圍內，也因為我們每個人都可以在各人生活裡為此做點努力，而不必等待政治家跟文化領袖採取行動。我們全都可以現在就開始處理這個問題。

我的答案是，許多人不再提出自己的理由、也不再替敵對立場找理由了。就算他們提出理由、也得知對方的理由了，他們還是以帶有偏見又缺乏批判性的方式為之，以至於無法理解爭議雙方的理由。這些人太常聲稱他們的立場明顯到了極點，所以任何人要是知道他們在講什麼，都會同意他們的看法。若是如此，對手肯定不知道他們在講什麼。就算他們的對手都還沒開始說話，這些人就覺得很有把握，站在敵對立場的人一定全都有嚴重的混淆或者得到錯誤的資訊，甚至根本瘋了。他們貶低對手，說對手蠢到不可能有任何理由支持他們那一方。接著，他們很尖酸刻薄地假定理性推論反正不會有任何好處，因為他們的對手就只是受到情緒驅策——恐懼、憤怒、憎恨、貪婪或盲目的同情——而不在乎真相，或者對他們有重要性的其他相同價值。所以，選舉是決定於誰爭取到最多投票者，或許還取決於誰做出最激情或最幽默的廣告及口號，而不是取決於誰為自己的政策提出最強勁的支持理由。這種策略無法幫助我們擺脫我們的陳規陋習。

我們需要陳述雙方的論證，並加以理解。我們需要向對手提出我們的理由，也要求他們提出理由。不交流彼此的理由，我們就無法理解彼此。沒有理解，我們就想不出如何朝著彼此妥協或合作的方向努力。沒有合作，我們就無法解決我們的問題。不解決我們的問題，我們的處境都會惡化。

我們如何擺脫現狀？

這番問題分析，指出一種解答。我們全都需要更多的溝通，而且溝通方法要更好。關鍵性的一步，是減少斷言、多多發問。最有用的那些問題，問的是我們為何相信我們所相信的，還有我們的建議會如何奏效。這些問題要求人提出不同種類的理由（隨後我們將會看到這一點），所以重點在於我們需要學會怎麼樣要求彼此提出理由。即使如此，光是提問本身還不夠。如果沒有人能提供理由，要求理由就沒有幫助了。答案會採取的形式，是表達我方理由的論證。因此，我們需要學習如何在別人要求的時候提供恰當的論證，學習如何領會其他人提出的論證，還有如何發現我方與對方論證中的弱點。在接下來的篇幅裡，我會設法開始教大家某些這方面的課程。

這些課程需要從大致理解何謂理由與論證開始。第六章會更深入其中的細節，但我們應該從一開始就阻斷某些常見的誤解。許多人錯把理由與論證看成戰爭中的武器——或者至少是一種比賽（像是一場辯論）之中的武器。這大大偏離了我在此推薦的看法；

戰爭跟比賽無法幫助我們並肩工作。

不同於前述看法，我反而會顯示出理由與論證是增進理解的嘗試。在我給你理由來證成我的主張時，我的理由幫助你理解我為何相信我的主張為真。同樣地，當你給我理由支持你的主張時，那個理由幫助我了解你為何相信你的主張。我們的理由可以達成這些目標，但在同時完全沒有讓任何一方改變心意。我們有可能繼續保持歧見，但至少我們對彼此理解更深。是這種相互理解幫助我們一同努力。

另一種理由——解釋某件事為何發生——能夠協助達成相同的目標。知道某個事件（像是日食）會發生，是很有用的。這種知識讓你能夠去看日食。然而這不會幫助你預測未來的日食。你不了解日食為什麼會發生（而且也缺乏很多其他相關資訊），你就不可能搞清楚日食何時會發生。要預測未來，我們需要事件為何現在發生的解釋、或者解釋性的理由。而我們需要能夠預測未來，以便決定（將來）哪種建議會成功解決某個問題。因此，如果我們要成果豐碩地共同努力，我們就需要解釋性的理由。

因為我們需要理由，我們也需要論證。在此我會討論的這種論證，並不是口頭吵架——像是已婚夫婦或者政治對手的「爭論」（argue）是對彼此大吼大叫。在此我會呈現的論證，比吵架更有建設性。粗略地說，只有在某個人（論辯者）提出一項主張（前提），來當成支持另一項主張（結論）的某種理由時，才會提出論證。理由就是前提，論證則把前提當成理由提出。論證的目的在於向閱聽眾表達理由，從而增進他們的理解——為何結論為真，或者論辯者為何相信這個結論。

這個定義排除了某些通常也稱為argument的意見交流（像是咒罵另一個人），而且也排除了其他通常不被視為論證的事物（像是解釋）。這個定義並沒有假裝掌握了常見用法的意義。雖然如此，這個定義挑出了我們為了理解彼此並共同努力所需的事物。

雖然我們需要更多這種論證，我們卻不該整天論辯。每個人都需要休息。再者，論證並不是我們所需的一切。在聽眾不接受的時候，論證沒多少助益，所以我們也需要學習社交技巧與習慣，以便鼓勵我們的聽眾接受那些理由。我們需要學習謙遜（或者不要宣稱掌握全部真理）、親切（包括向對手的好論點讓步）、耐性（等待聽眾想清楚我們的論點）與寬恕（在對手拒絕向我們的好論點讓步時）。雖然還有諸多其他需求，但在可以解決或至少縮減我們文化中某些問題的較大架構之下，論證扮演了一個重要的角色。所以就算論證本身不足以解決我們的問題，論證還是必要的。

理由與論證通常被呈現得像是情緒的敵人，但這是另一個要避開的誤解。理性推論通常引導著情緒，好比說一位朋友背叛的證據，會讓我生那位朋友的氣。的確，情緒可以**是**我在此使用的廣義性理由。「我跟某人在一起時感覺到愛」這個前提，是花時間跟我心愛的人同在、並且相信這段時光過得很值得的**理由**。「我把車開得太快時會感到恐懼」這個前提，是不開這麼快、並且相信開快車很危險的**理由**。在這種例子裡，情緒與理由不會彼此競爭，甚至可能沒有明顯區別。強烈的感受也可以是合乎理性的。我們並不總是需要為了使用理由與論證，而壓抑情緒、保持冷靜。

更廣泛來說，對於理由與論證的誤解，可能導致對理性推論與論證的冷嘲熱諷與輕蔑。冷嘲熱諷與輕蔑，是導致極化（polarization）問題的部分因素。因此，學著恰當地理解並體會理由與論證，可以幫忙解決部分的問題。這樣可以幫助我們脫離我們的文化陳規。

PART
1

為何論辯？
Why Argue?

CHAPTER 1

雖近猶遠
So Close and Yet So Far

你有多少親密朋友抱持的政治觀點，跟你正好相反？換句話說，如果你是自由派，你有多少親密朋友非常保守？如果你是保守派，你有多少親密朋友是極端自由派？而你如果是中庸或獨立派，你有多少親密朋友是站在政治光譜任何一端的非中立派？對今日的大多數人來說，答案是：「不太多。」

為了弄清楚為什麼，我們必須再多問幾個問題。你會擔心你的孩子或手足，政治觀點跟你完全相反嗎？如果他們跟政治立場相反的人結婚，會困擾你嗎？如果你必須搬進一個社區，那裡的大多數居民投票支持的候選人跟你不同，你會覺得害怕或惱怒嗎？你會刻意去聆聽跟你政治意見不同的人說什麼嗎？如果某些消息來源支持與你敵對的政治立場，你會仔細閱讀、觀看或聆聽來自這些管道的新聞嗎？你鄙視跟你的政黨競爭的黨派嗎？你認為那個政黨會威脅到你的國家與你關心之人的福祉嗎？你了解為什麼該政黨的支持者，偏愛這個黨跟他們的候選人嗎？你看得出有任何好理由支持他們的立場嗎？你能夠公平解釋為什麼在某些關鍵議題上，他們會採取那樣的立場嗎？在你跟他們立場分歧的那些政治議題上，你有多確定你是對的？

在世界各地的許多國家，這些問題現在會得到的答案，已經不同於僅僅一、二十年前了。今日許多人鮮少有政治立場極端不同的親密朋友，而是生活在絕大多數人支持相同政黨的社群裡，閱讀或聆聽他們贊同的新聞來源，只跟政治上的同盟者建立社交媒體網絡，而且絕少遇到表達敵對立場的其他人。當他們確實碰上這樣的觀點時，他們幾乎絕對不會長時間交談，或者很努力嘗試理解為何那些人跟他們看法如此不同。當他們跟對手談話時，他們不會嘗試提出理由，反而訴諸於情緒訴求、口頭辱罵、開玩笑消遣對方、威脅要趕走對方，甚至更糟。或者他們會迅速改變話題，以便避免讓人不自在的意見分歧。這些反應都無法搭起溝通橋梁或解決問題。

然而懷疑論者可能會納悶，我們是否真的像我說的這樣極化又孤立。畢竟有許多人抱持溫和或混合性的政治觀點——就算他們通常並不大肆宣揚或者涉入政治事務。我們大多數人認識一些政治觀點相反的人，即使我們通常避免跟他們談政治。在大多數民主政體裡，對立的政治黨派確實會長時間辯論，即使這些辯論者常常都在迴避真正的議題。政黨會寫下黨綱，即使他們鮮少遵守。政治家確實會在不同的新聞媒體上支持他們的立場，就算只是重申一遍。這樣的意見交流，確實常常看似給出支持雙方觀點的理由了，雙方確實也自認為完全理解他們的對手了。有時候政治對手們甚至喜歡彼此。所以，也許「文化戰爭」是誇大之詞。

為了確定極化的深度與廣度，這一章會考量某些對極化現象的經驗研究。關於這個主題已經有滿坑滿谷的研究了，所以我們可以只概述一份小規模樣本，不過我們還是能從中學到很多，先從美國開始，然後轉向其他國家。

什麼是極化？

極化很難研究，有一部分是因為它對不同的人來說意謂著不同的事情[1]。有時候極化是用這種方式衡量的：

- **距離**：當兩個團體的觀點，以有某種相干性的規模彼此相距更遠時，團體之間的距離就更遠。

當然，就算在這些團體之間也有大範圍重疊的時候，如果團體自身內部的個體夠多樣化，兩個團體裡的平均觀點之間，也可能相距甚遠。想像一把從左（自由派）到右（保守派）、政治傾向從零到十的量尺。如果自由派的變化是從零到七，平均值是三，保守派則是從三到十，平均值是七，那麼有很多介於三到七之間的人會有共同看法——就算他們是處於彼此競爭的黨派，而且兩黨各自的平均值相距甚遠。

因此，某些研究者跟評論家通常會補上另一個極化的衡量標準：

- **同質性**：在每個團體的內部成員之間變異較少的時候，團體內部同質性更高。

距離加上同質性等於極化。這些特色湊在一起，就足以捕捉到「兩極」(poles apart)的隱喻，因為北極與南極是彼此距離遙遠的兩點。

不過光是相距遙遠，並不足以確定這些黨派與人合不來。首先，對於我們不怎麼重視的議題，我們還是可能有很大的歧異。許多台灣人喜歡臭豆腐，我也很愛，但許多美國人覺得這很噁心。這些對於臭豆腐的觀點是極端不同的，不過那種極化並不會造成任何嚴重問題。兩個團體都沒有因為對臭豆腐觀點的不同而厭惡對方。他們只是各自吃想吃的。

直到我們在距離與同質性之上加更多料以後，衝突才會發生：

敵意：當這些團體對處於另一極端的人有更多恨意、鄙夷、恐懼或其他負面情緒時，他們是更加極化的。

敵意說的是人有什麼感覺，不過這些私密感覺通常會在公開言論中被表達出來：

無禮：當團體用更負面的方式談到處於另一極端的人時，這樣的團體就更極化。

負面言論導致憎恨感，而這種憎恨又導致人用上更加負面的形容詞，這又導致更多恨意，再引起更多負面形容，如此沒完沒了。敵意與無禮在惡性循環中彼此強化。

糟糕的感受與言論已經夠糟了，不過更加重要的是行動。為了超越感受與言論而進入行動的層次，許多評論者也把極化跟政治生活或私生活中的某些界線連結起來：

- **嚴格性**：團體把自身價值觀視為神聖權利而拒絕妥協的程度愈高，該團體就愈極化。

嚴格性顯然被連結到一個人情緒跟價值觀的強烈程度，還有一個人對這些價值觀的源頭有何看法。因為合作通常需要妥協，嚴格性可能導致：

- **僵局**：團體無法朝向共同目標合作並一起努力的程度愈高，團體愈極化。

通常極化對人造成的最大困擾，就是僵局，因為僵局阻礙了能夠解決社會問題的政府行動。

在社會因為極化、有敵意又嚴格死板的團體而分裂時，如果有某個團體擁有全部或大多數權利——要不是因為這個團體構成了顯著多數，就是因為它以某種方式抓住了政府的控制權——政府就還能運作。因此，只有在沒有一個團體可以擺布另一個的時候，什麼事都不能做的僵局才會發生。但就算一個團體占有優勢並得其所欲，只要兩個團體都對於管理他們的機構有某種程度的控制權，「團體無法共同合作」這種意義上的僵局，還是令人不快。

在黨派超過兩個的政府裡，像是德國、以色列、印度、英國及許多其他國家的政府，僵局可能看似比較不可能發生，或者比較不危險。在這樣的體系裡，不同黨派需要共同合作，才能形成可達到多數的聯盟。雖然如此，這樣的聯盟仍然可能輕易就變得有敵意、嚴格，而且無法與統治聯盟以外的任何人合作。然後，極化就會出現在聯盟之間而非單一政黨之間，但相同的問題也可能會發生。

所以，什麼是極化？上述全部狀況都是。完整的症候群包括前述每一個面向——距離、同質性、敵意、無禮、嚴格性、僵局——此外還有更多。這種複雜性，無法加以簡化卻又不扭曲議題。但當我們討論極化的時候，還是不該一次就講到上面所有這些面向。為了避免混淆，我們需要知道極化的哪些具體特徵，對於每個特定討論來說是相關的。

兩極在互相拉開距離嗎？

有多少極化存在？一開始我們先看從距離加同質性來理解的那種極化吧。我們能怎麼樣衡量距離與同質性？在政治上，標準方法是要求一個團體裡隨機挑選出來的成員，回應各種陳述（有典型的自由派與保守派回答）。團體之間的距離，是以每個團體裡的平均答案之間距離多遠來衡量。一個團體裡的同質性，是以團體中不同成員的答案有多相近來衡量。我們可以用這些問卷，來追蹤這種極化的歷時性趨勢變化。

在美國，極化似乎從一九九〇年代之後的數十年內有驚人的成長。這種印象很普遍，也有種種調查報告支持。首先我們考量黨派之間的距離，這稱為黨派差距（partisan gap）。在廣泛多樣的不同議題上，這個差距都有成長。在此有些很戲劇性的例子[2]：

「確保和平的最佳辦法是透過軍事力量。」

——一九九四年：百分之四十四的共和黨人與百分之二十八的民主黨人同意。

——二〇一四年：百分之四十八的共和黨人與百分之十八的民主黨人同意。

在這個議題上，黨派差距從百分之十六倍增為百分之三十。

「政府的商業規範造成的傷害通常大過好處。」
——一九九四年：百分之六十四的共和黨人與百分之四十六的民主黨人同意。
——二〇一四年：百分之六十八的共和黨人與百分之二十九的民主黨人同意。
在這個議題上，黨派差距從百分之十八增加到百分之三十九，超過一倍以上。

「比較嚴格的環境法律與規定削減掉太多工作，也傷害到經濟。」
——一九九四年：百分之三十九的共和黨人與百分之二十九的民主黨人同意。
——二〇一四年：百分之五十九的共和黨人與百分之二十四的民主黨人同意。
在這個議題上，黨派差距從百分之十增加到百分之三十五，是原來的三倍。

「今日的窮人過得輕鬆，因為他們可以得到政府的好處，卻不用做任何事回報。」
——一九九四年：百分之六十三的共和黨人與百分之四十四的民主黨人同意。
——二〇一四年：百分之六十六的共和黨人與百分之二十八的民主黨人同意。
在這個議題上，黨派差距倍增，從百分之十九變成百分之三十八。

「在這個國家無法出人頭地的黑人，大部分要為自己的狀況負責。」

——一九九四年：百分之六十六的共和黨人與百分之五十三的民主黨人同意。
——二〇一四年：百分之七十九的共和黨人與百分之五十的民主黨人同意。

在這個議題上，黨派差距從百分之十三增加到百分之二十九，超過一倍以上。

請注意共和黨人在某些議題上改變較多，而民主黨人則是在其他議題上改變較多。雙方通常會怪罪對手往極端立場移動，造成極化現象，但實際上兩造都有移動，雖然是在不同議題上有不同程度。結果是對於許多核心議題，共和黨人與民主黨人之間的差距在短時間內增加了[3]。

我們難道不能至少同意事實嗎？

這些研究把焦點放在政治價值觀與規範上，不過極化也延伸到宗教、甚至是事實認定上。對於人類的溫室氣體排放是否導致或加重氣候變遷，民主黨人與共和黨人有強烈歧見。這是個有潛在可能得到確定答案的科學議題，跟一個人認為溫室氣體排放跟氣候變遷是好是壞、或不好不壞的看法都無關。儘管有這種可能性，通常是政治驅策著科學信念，而不是科學驅動政策。同樣地，民主黨人與共和黨人對於許多其他的事實性議題，都有非常分歧的事實性信念，包括下列這些：

1. 水力壓裂法採油是否危險
2. 死刑是否遏阻了謀殺
3. 水刑是否能有效對抗恐怖主義
4. 槍枝所有權提升或者減少了槍枝暴力
5. 社會福利計畫是幫助還是傷害經濟成長
6. 有多少移民非法進入美國
7. 有多少非法移民是罪犯
8. 有多少非法移民拿走了公民想要的工作
9. 美國選舉中有多少選舉舞弊情形
10. 還有在美國發動攻擊前，伊拉克到底有沒有大規模毀滅武器

大多數民主黨人對這些問題的回答，都跟大多數共和黨人很不一樣，指出兩黨對於事實的共識，並不會比價值觀來得高。

自由派有時候把這個問題歸咎於保守派，因為他們認為保守派對事實的信念基礎，

是放在宗教或不可靠的權威之上，而非科學。同時值得一提的是：對於基因改造食物是否安全、接種疫苗是否導致自閉症、核子廢料是否可以安全處置等問題，自由派通常拒絕接受科學上的共識[4]。另一方面來說，共和黨人比較有可能拒絕關於氣候變遷的科學共識，雖然懷疑人為力量造成氣候變遷的保守派在科學上並沒有顯得比較沒知識[5]。所以，沒有任何一邊獨家壟斷了科學證據或事實。

當然，事實與價值觀是相關連的。如果我們對於死刑是否有遏阻力或者人類活動是否導致全球暖化沒有共識，那麼我們對於是否該容許死刑、要不要對抗全球暖化也不會有共識，這應該並不意外。當大家對於關鍵事實都沒有共識的時候，該怎麼處理眼前的事實，他們也不太可能有一致意見。

既然有這樣廣泛的異議，兩邊陣營都還這麼有自信，很令人驚訝。許多死刑的辯護者完全確定死刑有遏阻力，同時有許多反對者幾乎毫不懷疑地認定死刑沒有遏阻力。對於他們的信心，一個解釋可能是，他們從沒看過支持另一方的資料，這或許是因為他們從來不去找爭議另一方的資料，或者從來不諮詢可能包含這種資料的消息來源。不管解釋是什麼，既然已經知道這個議題的難度、有互相衝突的資料與論證存在、大家又缺乏共識，他們還這麼自信，很令人震驚。

你恨你的對手嗎？

問題不只在於大家這麼有信心地支持強烈對立的觀點。我是個哲學家，所以某些跟我最親近的同事，認為我的哲學觀點一定是錯的——我的主張不可能為真。他們支持的哲學觀點跟我的強烈對立，差距極大。他們也對他們的觀點有很大的信心。儘管如此，我們還是可以成為朋友。他們不會只因為我採取了某些他們認為有誤的立場，就認為我很笨、很危險或不道德（我希望如此）。在我發展我的立場時，他們仔細聽我說，而且盡可能去理解我的觀點。他們不會口頭辱罵或者用惡毒的笑話扭曲我的觀點，把他們的樂趣建築在我的痛苦上。他們反而會提出論證，並且仔細地思考我會或者能夠怎麼做出最好的回答。至少他們許多人是這樣。在對手之間保持禮貌文明的時候，我們可以從彼此身上學習，並保持友誼。

只從距離與同質性兩方面來理解的極化，並不是最根本的問題。說實話，如果不同黨派之間距離太近，會產生另一種不同的問題。前幾個世代有時候會抱怨美國的共和黨與民主黨太過相近，以至於選民在不同政策選項之間，無法做出任何有意義的選擇[6]。而且，在距離與同質性這種意義上的極化，並不總是導致強烈衝突與僵局，就算在總統與議會分屬不同政黨時也如此[7]。

觀點處於政治光譜對立兩端的兩個人，如果共享夠多共同目標，又謙遜到足以承認他們不知道全部真相，也喜歡對方到足以去聆聽對方、理解對方，並且朝向互利協議努力，可能還是有辦法合作。相對來說，如果他們鄙視彼此、拒絕聆聽，又太過自信，失去達成妥協的所有意願或能力，他們就不可能達成任何事。所以，造成實際問題的不只是距離加上同質性造成的極化，還有敵意，以及無法跨越攔路障礙的後果。

不幸的是，在美國日漸增加的極化現象，確實讓主要政黨之間滋生了愈來愈多的憎恨——或者至少是敵意[8]。在一九九四年，只有百分之十六的民主黨人與百分之十七的共和黨人對另一黨抱有非常反對的態度。到了二〇一六年，兩黨中的多數人都對另一黨表達了非常反對的看法：共和黨人有百分之五十八，民主黨人則有百分之五十五。

更讓人心生警惕的是，二〇一六年有百分之四十五的共和黨人認為民主黨的政策「太有誤導性，以至於威脅到國家的福祉」，而同年有百分之四十一的民主黨人對共和黨政策抱持同樣的看法。在固守保守派立場的共和黨人與固守自由派立場的民主黨人之中，這些百分比又更高得多。關注自己國家的那些人，會為了他們眼中威脅國家福祉的事物而戰，所以他們少有或者根本沒有動機，要跟他們眼中的危險人士共同工作與生活。

這種反感不只是存在於黨派與政治家之間，還延伸到個人生活之中。在二〇一〇年，美國百分之四十九的共和黨人與百分之三十三的民主黨人回報說，如果他們的孩子嫁娶了他們所屬政黨之外的人，他們會不高興，然而在一九六〇年代，兩方會這麼說的人都少於百分之五[9]。極化政治甚至影響到私人關係。

這也影響到美國人住在哪裡。在二〇一四年，有百分之五十固守保守派立場的共和黨人，還有百分之三十五固守自由派立場的民主黨人同意這句話：「對我來說，住在大多數人跟我共享相同政治觀點的地方很重要。[10]」因此，固守立場的保守派與固守立場的自由派通常到頭來住在不同的地區，這樣他們就不會像住在隔壁那樣容易撞見彼此了。同樣地，有百分之六十三固守保守派立場的共和黨人，以及百分之四十九固守自由派立場的民主黨人同意：「我大多數的密友跟我有相同政治觀點。」二十年前，這些數字都沒那麼高。這種地理與社會上的隔離，讓人很難看出這些團體如何能夠開始跟彼此對話，或者克服他們相互的敵意。

這種流行病是全球性的嗎？

到目前為止，我引用的統計數字與例子都聚焦在美國，但同樣的問題在別處也存在。極化在世界各地其他許多國家都很猖獗。讓人驚訝的是：「平均來說，比起其他國家的選民，美國人認為自己國家內的黨派距離更遠得多。[11]」然而，其實相反的狀況才是真的：「相對於其他國家，在經濟方面，民主黨人與共和黨人之間的差距並不是特別大。[12]」當然，就算其他國家的政黨差距超過美國的政黨差距，極化的其他面向，像是僵局，在美國的嚴重程度可能超過其他國家，這有一部分是因為許多寫入美國憲法中的制衡原則。雖然如此，有許多例子顯示美國政黨之間的差距、政黨內部的融貫性、政黨之間的憎恨，以及政黨之間缺乏理性溝通的狀況，至少跟別的國家一樣嚴重。

有個例子是最近英國的脫歐公投，揭露了深刻而廣泛的社會與意識形態分裂。最近的移民危機，也在歐陸的左翼右翼之間製造出極端的敵意。這種不幸的趨勢，並不只限於歐洲。斯里蘭卡的政治極化，已經導致兩方說出過激的仇恨言論[13]。泰國的極化則導致大規模的抗議活動[14]。有意思的是，在南韓與台灣，儘管意識形態上的極化程度很低，兩國卻展現出高強度的情緒性極化現象——針對政治對手的敵意[15]。一國國民之間的政治觀點明明沒有太大差異，為什麼卻會這麼厭惡彼此？我忍不住懷疑，部分原因在於他們拒絕聆聽另一邊的理性推論。

這個問題並不是全面性的：冰島可能是個例外。「冰島人的左翼、右翼自我定位之中，並沒有出現真正的極化跡象。[16]」儘管如此，就算在冰島，「媒體描繪出的圖像是（冰島的）國會日漸分歧」[17]，而公眾有極化現象日益增加的錯誤印象：「非但自由派與保守派雙方都誇大另一個團體有多支持某些刻板印象價值（道德價值），在他們的評估中，自身所屬團體對於某些刻板印象特徵的支持程度，也比實際上更極端。[18]」像冰島這樣的例子，一定會讓人納悶其他國家的極化現象是否真有乍看之下那麼糟。

但就算是極化的印象，也能導致敵意，並且損害理解、同理與合作。如果我認為你抱有一個跟我完全相反的極端觀點，而且認為任何跟我意見不同的人肯定很無知或者不道德，那麼這些假設加起來，可能就足以讓我鄙視你、避開你。這肯定會讓我們很難理解彼此，也很難一同交談、論理與工作。極化的印象就是一種極化，或者就是極化的來源——或者，至少幾乎跟真正的極化一樣有害。

CHAPTER 2

毒性談話
Toxic Talk

為什麼我們拉開這麼大的距離，又變得這樣敵意滿滿？這些文化現象是極其複雜的。沒有單一的解釋，能夠公正地說明把對立雙方拉開的全部眾多影響。但我們還是能夠聚焦於某個通常被忽略的元素，藉此學到許多。這裡就是其中之一：我們不聆聽、不設法理解我們的對手，反而打斷、醜化、辱罵跟嘲弄他們，還有他們的觀點。這種有毒性的談話方式，就是極化當中的一個典型面向，我稱之為「無禮」（incivility）。

拜託，我們可以保持禮貌嗎？

就像「極化」，「禮貌」一詞有好幾種不同的用法。而且，禮貌與無禮是由觀者（或聽者）來判斷的。某人活力十足的批評，在另一個人看來是無禮。禮貌也有不同程度。某些字詞與行動，或多或少比其他字詞與行動更有禮貌。儘管有這些複雜之處，禮貌可以被理解成一種模糊的理想，是我們或多或少能夠趨近的。無禮則是對於這種理想的重大背離。

在大家使用刻意斟酌，要帶來建設性觀念交流的方式說話時，言詞就是有禮貌的。數學心理學家安納托爾．拉普波特（Anatol Rapoport）以他對社交互動的洞見聞名於世，他提出了一種極端的禮貌模型：

1. 你應該嘗試重新表達你的目標對象的立場，表達得極盡清楚、鮮明而公平，以至於你的目標對象會說：「多謝了，真希望我先前有想到這麼說。」
2. 你應該列出任何意見一致的論點（尤其在這些論點並非普遍共識的時候）。
3. 你應該提及你從目標對象身上學到的任何事。
4. 直到這時，你才能說出反駁或批評的話[1]。

你聽過或者參與過多少次遵守這些規則的對話？如果這樣的指導方針真有人遵循過，最近也已經不流行了。幸運的是，我們不必大費周章，就能保持最低限度的禮貌。我們可以禮貌到接近這個理想的程度。

當然，禮貌不只是這樣。時機也很重要。當你把你的觀點解釋給我聽的時候，如果我打斷並阻止你說完你在說的話，就算我把你的觀點表達得清楚、鮮明又公平，那也沒有多少幫助。你想要自己表達你的論點。打斷是無禮的典型，因為這種做法送出的訊息是「我不想聽你說」，或者至少是「你說的話比我說的話價值低」。所以，禮貌需要耐心的美德：在我們的聽眾花時間說他們的心聲時，我們應該等待。禮貌也要求我們，寬恕其他人不肯對我們的最佳論點讓步。

這些都不容易，但我們確實有選擇。我們可以藉著遵循或者至少貼近拉普波特規則，來表達禮貌：在正確的時機說話與聆聽，不去打斷，並且培養耐心與寬恕。或者，我們可以做出不禮貌的行為，打斷、侮辱、謾罵我們的對手。你的風格取決於你。

誰不喜歡做得好的誇張諷刺？

與其禮貌地問別人為何採納他們那種立場，現在我們反而傾向於假定我們已經知道他們的理由了。當然，我們歸諸於他們的理由，鮮少是他們真正的理由，也鮮少是代表他們觀點的最佳理由。我們反而太常靠著把對手呈現得很糟來擊敗他們。

現在來考量一下經濟上的不平等：窮人指控富人貪婪，要求課較高的稅。富人指控窮人懶惰，把稅收當成由政府進行的偷竊，或者更糟，就是共產主義。雙方各自聲稱理解另一方，但這只是因為他們雙方都認為對手短視近利。窮人問道：超級有錢人有那多餘的數十億元能幹嘛？他們看不出整個國家需要更多的稅收嗎？但接著富人回應了：他們看不出我為了我的錢辛苦工作嗎？他們沒領悟到高稅收會傷害整體經濟，尤其是傷害窮人嗎？只要兩邊都不理解另一邊，他們就會繼續把對手看成愚笨、資訊錯誤、短視又自私的人。這樣會讓合作變得困難或不可能。這樣的誇張醜化是有傷害性的。

這些誇張說法也是不精確的。某些有錢人是貪婪自私，其他人卻很慷慨又努力工作，而且公平對待他們的僱員與顧客。同樣地，窮人並非普遍都是懶人。有些人是懶；某些靠社會福利金過活的失業者，即使你給他們工作機會，他們也不會接受。然而這種人是規則中的例外，常規是貧窮多半肇因於別無選擇的惡劣環境。兩邊說法都有真實之處。如果我們真要設計一個方案，幫助那些真正有需要的人，卻不至於回饋並鼓勵到那些濫用體系的人，我們就需要承認這種複雜性，並且決定哪些窮人落入哪個群體——是懶惰者還是弱勢者。

同樣的模式，隨著難民危機再度出現。在拜訪牛津的時候，我聽到政策上支持讓更多難民進入英國的人，問他們的對手怎麼能這麼殘酷。他們難道不明白難民處境有多麼危急嗎？他們不知道難民們的母國有多危險嗎？他們用這種方式，暗示對手無知又沒心沒肺。反對讓更多難民進入英國的人則還以顏色，問另一方怎麼能這麼天真。他們難道沒發現有多少難民嗎？他們不在乎如果更多難民抵達，可能會失業的那些英國國民嗎？他們不在乎安全嗎？他們想把更多恐怖攻擊帶進英國本土嗎？藉此他們也暗示對手無知又沒心沒肺。雙方人馬沒有設法理解彼此，反而散播對手的誇大不實諷刺形象。做出這種假定，並且把這種誤導性的刻板印象到處拋灑，讓他們更難恰當地理解彼此。

我們全都是瘋狂小丑嗎？

這樣（故意的？）誤解，助長了誇張之詞與口頭辱罵。口頭辱罵有一種特別有害的形式，就是偽精神醫學診斷。當然，由受過訓練的精神病學家以證據為基礎，妥當進行，以便幫助真正精神疾病病患的精神病學診斷，可以是美事一樁。問題在於今日的政治與文化評論家，在沒有證據或訓練的狀況下診斷他們的對手，而且他們的目標不是幫助對手，只是要謾罵他們。保守主義評論家寫的書有像這樣的標題：《自由主義是一種心理失調》（〔*Liberalism is a Mental Disorder*〕作者麥可・沙維奇〔Michael Savage〕）、《自由派心靈：政治瘋狂的心理學原因》（〔*The Liberal Mind: The Psychological Causes of Political Madness*〕作者萊爾・羅希特〔Lyle Rossiter〕），還有《洗腦：大學如何灌輸美國青年》（〔*Brainwashed: How Universities Indoctrinate America's Youth*〕作者班・夏彼洛〔Ben Shapiro〕）。自由派也用《右派是怎麼失心瘋的》（〔*How the Right Lost its Mind*〕作者查爾斯・賽克斯〔Charles J. Sykes〕）這種書名來還以顏色。MSNBC的自由派新聞評論家米卡・布里辛斯基（Mika Brzezinski），則公開表達她嚴重擔憂川普總統有心理疾病。

要看出這種誇張言論的目的與影響，就讓我們考慮一下幾個簡單的例子，出自很受歡迎的保守派評論家班・夏彼洛：

民主黨人極端透了。他們完全精神失常。他們是瘋子，他們是神經病。
民主黨人他媽的失心瘋了。他們他媽的失心瘋了[2]。

他為什麼說他的對手瘋了？很明顯不是所有民主黨人都瘋了、都精神失常、都是神經病，或者他媽的失心瘋了。所以這樣極端的言論目的為何？一個目標是博得他的觀眾同聲一笑。這也表達出他與共和黨人團結一致，並且憎恨民主黨人。在此的重點是，這樣就切斷了對話。在人真的「完全精神失常」或者「他媽的失心瘋了」的時候，就沒有理由聽他們的話了。對治療師來說，為了找出他們有哪種精神疾病，聽他們說話可能很有用，而且對他們來說，有朋友與親戚聽他們說話或跟他們說話，可能有鎮靜的作用。但這其實不是在「刻意交換資訊與理由」這種意義上的對話。在人「完全精神失常」的時候，我們不會費事指正他們的觀點哪裡不對，或者給他們改變的理由。我們會設法治好他們，而不是跟他們論理或者向他們學習。

其他形式的口頭辱罵也要付出同樣的代價。如果我告訴我的朋友她的立場錯誤，她可以問我為什麼這是錯的，然後在許多狀況下，我們仍舊可以有成果豐碩的討論。然而如果我告訴她，她的立場很荒唐，就表示這個立場活該被嘲弄，而不是論理。如果她不想被嘲弄，她何必問我為何認為她的立場很荒唐？而如果我說她是個小丑，就表示她的觀點活該被嘲笑，而不是認真考慮。認真看待小丑、問他們實際上是什麼意思，就毀了小丑的笑話。同樣地，如果我說我的對話者是白痴，就意謂者她太笨，不值得給她任何理由。但話說回來，她為什麼要繼續跟我說話？我才剛告訴她，我不打算聽她說話。

某些觀點真的是荒唐，而有些人真的是白痴或者瘋了——雖然少之又少。有時候人也會要求理由並且設法理解；如果他們最初的嘗試失敗了，後來才會出於挫折而訴諸於口頭辱罵。雖然如此，這種辱罵性質的假心理學是一種可靠的指標，指出發言者沒有更好的話（也就是說，缺乏有見地的言說）可以支持他的立場。這樣的口頭辱罵，也表示有成果的討論已到盡頭了。在對立兩極訴諸於辱罵時，他們就不再能夠彼此學習了。大家都沒收穫。

侮辱有趣嗎？

有時候辱罵可能很好玩又有趣。知名喜劇演員唐・里克斯（Don Rickles）把侮辱性的幽默發展成一種流行藝術。今天有許多人在現實生活還有網路上模仿他的喜劇套路。美國最近一次總統初選充滿了川普及其追隨者針對「小馬可」（馬可・魯比歐〔Marco Rubio〕，他在共和黨初選中是川普的競爭對手之一）的損人笑話。在川普選上以後，自由派人士（還有川普的某些保守派對手）開始對川普的雙手大小進行傻氣的嘲弄。這種幽默實在太屁孩了，很難相信會有任何人認真看待。

我們拿對手來消遣，到底能得到什麼？當然，我們得到樂趣。大笑感覺很好。但那只是解釋的開頭而已，因為我們可能也從關於自身局限的笑話裡，得到這種愉悅感。所以為什麼要拿對手開玩笑，而不是拿自己開玩笑？

也許這樣的笑話會影響投票。誰想支持一個變成笑柄的候選人？不過我們還是很難相信，會有任何川普支持者會因為他的手掌大小而轉投另一方。

我懷疑這種笑話的真正目標在於建立團體的團結感。嘲弄對手，與我們同仇敵愾的觀眾就會以笑聲與讚揚做出回饋。這種反應向我們所有人發出信號：我們共享某些價值，這一點策動我們團結起來，形成一個團體或運動。拿某個觀點或見解來說笑，也顯示出我們不把它當回事，所以我們不太可能心志動搖到投入敵營。這指出我們的穩定性，讓人有信心跟我們合作。最後，這種拿敵手開刀、掰出最佳笑話的能力，也會替我們掙得團體中的領袖地位。這就是為什麼團體中的某些成員爭著拿局外人當材料，炮製出最好笑或最惡毒的笑話。

關於對手的笑話也特別有效，因為這些笑話讓對手沒有好的回應方式。如果他們聽到那些關於自己的笑話不笑，他們就會看似缺乏幽默感的老古板，自負地拒絕承認自身的缺陷，或者像是笨到聽不懂笑話。他們怎麼反應都贏不了。

在這些方面，關於對手的笑話有言詞詭辯的功能。這些笑話能夠建立團體，為說笑話的人掙得地位，並且奪去取笑目標的任何恢復手段。這解釋了為什麼幽默變成這樣一種常見的武器。然而這樣的幽默也有黑暗面。取笑別人的立場，會阻礙對於那個立場的理解。讓對手顯得愚蠢，無法讓你正確評價對手或他們的理路。他們幾乎絕非笑話裡看來的那副傻樣。況且，如果你笑話他們，他們也會笑話你。兩邊都還以顏色，論述品質就直線下降了。

我不否認幽默也有一席之地。幽默可以讓氣氛輕鬆，讓雙方都感覺愉快。聰明的政治諷刺可以是很有洞察力的政治批評，讓大家注意到不良論證與錯誤。然而辱罵圈外人的簡化惡毒幽默，長期來說鮮少達成建設性的目的。這種幽默反而阻撓我們彼此的理解與同理。

我們可以多下流？

濫罵在網路上還更惡毒，或許是因為辱罵者是匿名的，不必面對他們的受害者。有時候網路霸凌者做得太過火，甚至威脅他們的目標對象。這種例子多的是，不過我會聚焦於其中一個，因為我剛好認識那位受害者。

亞特蘭大埃默里大學（Emory University）的哲學教授喬治．顏西（George Yancy）寫了一篇爭議性的文章，二〇一五年十二月二十四日在「哲人石」（〈The Stone〉《紐約時報》網站的一部分）上發表的〈親愛的白人美國〉（Dear White America）。顏西的信是這樣開頭的：

我有個重要的請求。在你閱讀此信的同時，我希望你以愛聆聽，這種愛要求你凝視自己可能導致痛苦恐懼的部分，就像詹姆斯．包德溫*所說的那樣。你聽到了嗎？你可能會忽略那個聲音。我重複一次：我希望你以愛聆聽。好吧，至少試試看。

接著，他承認自己是個性別歧視者，而他解釋了那是什麼意思。然後他說：

就像我身為男性的舒適，與女性的苦難有所連結，讓我變成了性別歧視者，所以你也是種族歧視者。

＊編注：詹姆斯．鮑德溫（James Baldwin, 1924-1987），美國小說家、社會運動者。

當然，顏西知道稱呼他的讀者是種族歧視者會產生負面反應。然而他所受到的撻伐卻驚人地惡毒。

在〈親愛的白人美國〉刊登之後，我立刻開始收到卑鄙刻薄的白人種族歧視者評論：寄到我大學的電子郵件信箱，還有答錄機上的留言。我甚至接到充滿恨意的一般信件。請想像一下，實際上坐下來寫一封填滿這麼多憎恨的信，並且用普通郵件寄出所耗費的時間——特別是在我們這個網路世界裡。那些評論並不是要指出我立場上的謬誤，而是設計出來要侵犯擾亂我，讓我心理上支離破碎、生理上煩亂至極。言詞有其作用力——尤其是像「黑鬼」這樣的字眼，或者被說成是一種應該回非洲去的豬、被告知我應該「以伊斯蘭國的方式被斬首」。（「哲人石」，二〇一六年四月十八日）

在我們關於理性推論與論證的討論脈絡下，顏西在此提出的關鍵重點是：「那些評論並不是要指出我立場上的謬誤。」身為一位哲學家，他很習慣別人指控他犯下謬誤。他不會反對背後有論證支持的批評，我們也肯定能夠想見，說這麼多人（整個「白人美國」！）是種族歧視者會引起的無數抗議。但他所接收到的不只是抗議，而是非常針對個人的攻擊。對於一個要求你以愛聆聽的紳士，這樣惡毒的回應注定會導致極化。

幸運的是，顏西的故事並不典型。今天有許多人仍然以謙恭有禮的方式溝通。他們常常跟對手交談，尋求對立的觀點，提問並且從答案中學習，而且不只是誇大諷刺、「診斷」、辱罵、取笑跟威脅他們的對手。我們能夠開誠布公地談話，但太常見的狀況是，我們沒有使用這種能力。我們反而以一種有毒的方式說話——在網路上尤其如此。這種毒性談話表達出不敬與輕蔑，替敵意與極化火上加油。這樣也嚇跑了溫和派的參與者。某些類型的待人無禮，可能很有娛樂效果，也能夠在有共同目標的辱罵者之間創造出羈絆。儘管如此，這些短期利益卻帶來長期的代價：撕裂我們的社會、阻礙我們解決嚴重問題。

歐洲很文明嗎？

也許在歐洲狀況沒這麼糟？最近大英聯合王國（或許很快就沒那麼「聯合」了）的脫歐公投，駁倒了這種希望。脫離歐盟運動的主要倡議者之一是鮑里斯 強森（Boris Johnson），前倫敦市長，後來成為外交大臣。強森說：

我相信要是沒掌握這個千載難逢的機會穿過那道門，我們就是瘋了，因為真相是，改變的不是我們。是歐盟變得面目全非了；而繼續堅持說歐盟是跟經濟有關，就像把義大利黑手黨說成是對橄欖油與房地產感興趣一樣[3]。

他說他的對手們「瘋了」，藉此除去了聆聽他們有何理由的任何誘因。瘋狂就預先排除掉為了理解而聆聽的行為。他指出有個「千載難逢的機會」，接著提出一道要求：現在不做就永無機會了。這話也暗示不可能有任何妥協，因為接受妥協就會錯失唯一機會，而且讓英國永遠不可能再有機會離開歐盟。而且當然了，把歐盟拿來跟黑手黨做比較，意謂者他們都是罪犯，需要在他們殺戮或劫掠英國之前加以制止。制止黑手黨的唯一辦法是拿出武器，而不是據理力爭。所以在所有這些方面，強森對問題的描述都是被打造出來刺激仇恨，並且消音雙方的任何公平討論。

反對脫歐的那些人也是半斤八兩。他們常常明說或者暗指，支持脫歐只是基於恐懼、憤怒、恐伊斯蘭、排外還有／或者種族歧視。恐懼與憤怒通常阻礙了小心謹慎的理性推論，所以主張你的對手是被這種情緒推動，就表示對他們提出理由是沒有意義的，更別說是聆聽他們的理由了。「恐伊斯蘭」或者「排外」，暗示著精神疾病——恐懼症——所以設法跟一個「伊斯蘭恐懼症患者」或「外國人恐懼症患者」論理，不會比告訴蜘蛛恐懼症患者許多蜘蛛其實並不危險來得有意義。而種族歧視的定義是，在沒有理由這麼做的狀況下，還對不同種族有不同的看法與待遇。在有良好理由這麼做的時候，以不同的方式對待來自不同種族背景的人，並不是種族歧視，比方說在鐮型血球貧血症檢驗的時候；這種疾病幾乎完全只有具備非洲血統者才會罹患。因此像是「種族歧視者」這樣的稱呼，導致人不去期待任何合理論證或者對有理由的認證有任何理性反應。這樣的字眼意謂著我們需要跟這些對手對戰，而不是聆聽他們的話。

確實，那些想要容許移民進入社會的人，有時候似乎在建議我們把他們的對手趕出去。英國保守黨前任共同主席賽伊達．沃爾希女男爵（Baroness Sayeeda Warsi）反對脫歐，因為「有毒性、引起分裂與懼外排外的政治運動，在一個自由派民主政體中應該全無立足之地。[4]」全無立足之地嗎？我會認為自由派民主政體之所以是自由派，是因為他們容許言論自由，包括懼外排外的政治運動。沃爾希可能不是有意要說這種運動應該被視為非法，或者說懼外者應該被放逐——而是自由派民主政體如果少了他們會比較好。但她含糊又有煽動性的言詞，暗示我們從這些對手身上沒什麼好學的。這番言論似乎以這種方式增添了敵意，阻止了建設性的理由交流。

當然，不是每個人都訴諸於這種話術。J．K．羅琳，知名的哈利波特系列小說作者，設法在兩極之間挖出一個中庸位置：

像許多人曾經做過的那樣，暗示脫歐支持者全都是種族歧視者跟頑固分子，是很不名譽的：他們不是這樣的人，暗示他們就是這樣很可恥。儘管如此，假裝種族歧視者跟頑固分子沒有群集在「脫歐」大旗之下，或者他們沒有在某些事例中下指導棋，也是一樣荒謬[5]。

一個做得很好的區別！就算大部分脫歐支持者不是種族歧視分子，這麼說還是可能為真：大多數種族歧視者是脫歐支持者、甚至有「某些」（也許是「許多」，但並不是全部、甚或不是大多數）脫歐運動的指揮者也是種族歧視者。然而，在可以講道理的人設法要讓發言冷靜下來的時候，這些人通常被忽視，就像在這個例子裡一樣：

> （英國自由派菁英）設法在理性的反移民情緒與不理性的種族歧視之間做出區別，前者被吸收到主流裡，後者則被邊緣化。事實上，沒有這樣的區別存在，而裝得好像真有這種區別，會造成讓種族歧視在政治主流中進一步合法化的效果[6]。

像這樣的回應，指控所有溫和派「讓種族歧視合法化」。無怪乎許多人沒有勇氣表達中庸觀點，因為有一方會給他們貼上「種族主義者」的標籤，另一方則會給他們「瘋子」的標籤。

最近的移民危機也在歐陸製造出極端的反應。雖然德國總理梅克爾通常是堅定的中立派，她發表這段話支持移民：「在談到人性尊嚴的時候，我們不能妥協。[7]」這段話蘊涵著她不會談到或者聽任何人建議的妥協方案，舉例來說，甚至不考慮對於移民數量的最低程度限制。如果阻止移民違反人性尊嚴，那麼限制移民就會被拿來跟容許一點奴役制度相提並論了。

另一方面，法國的民族陣線主席瑪琳．勒龐（Marine Le Pen）曾經說：「他們不會告訴你這件事，不過法國的移民危機已經完全失控了。我的目標很清楚：同時阻止合法與非法的移民。」所以，就像梅克爾，勒龐也展現出她沒有妥協的意願。她甚至拒絕接受有限制的移民，因為這樣那些移民就會合法入國，跟她的目標相反。勒龐做了結論：「在這場大選裡迫在眉睫的事情是，法國是否仍然能夠是個自由國家。區別不再是介於左派與右派之間，而是在於愛國者與全球化主義者之間！[8]」在此她替她的對手貼上不愛國、自由法國之敵的標籤，而在二〇一七年的選舉中，她極端的立場得到超過三分之一的法國投票人認可。當然，法國也有移民支持者，德國也有移民反對者。雖然如此，兩國的政治領袖談論移民的分歧方式，意謂著缺乏妥協意願，甚至不想聆聽來自另一方的任何論證。難怪這些針鋒相對的人彼此距離越來越大，他們相互的敵意與不敬也在滋長。

多無禮才算太過分？

為什麼無禮歪風在全世界到處蔓延？為什麼有這麼多人就算說的根本不是事實，還這麼說話？有部分答案在於無禮是達成某些目的的有用工具。

無禮引人注目。有禮貌的訊息在大家眼中平淡乏味，比起粗魯誇大的訊息，大家比較少閱讀跟推薦（還有發推與轉推）有禮的訊息[9]。敵手會轉推不禮貌的暴言，以便顯示這些言論有多蠢，還有反對這種極端派有多重要。儘管如此，他們對於這種暴言所付出的注意力，還是高過於平衡有度而合理的言論。

無禮也有激勵作用。支持者轉推他們自己的無禮言論，以便煽動大軍，建立起他們那一方的熱情與能量。比起說對手忽略了幾個重要論點，說對手「瘋狂」，能為一個政治運動集結到更多抗議者。

無禮也能刺激記憶。回憶一個激怒你的極端誇大之詞，比起回憶均衡又細節清楚的事實描述來得容易。要證明這一點，只要設法回想一位政治家在演講中說了什麼就好。大多數人或許只能重述無禮的部分，卻無法記得演講中比較客氣又持平的部分。

藉著這些方式，無禮、誇大與極端主義的觀眾增加了。如果你想要的是廣大的閱聽眾，這種簡單的策略很誘人。做為一種行銷，這很有效——而行銷確實有其地位。社會中缺乏權力的團體，可能沒別的辦法能博得注意了。呼籲他們保持有禮，實效上來說就是要求他們順從當權者。為他們而發起的運動，有時候——尤其在一開始——需要利用無禮之舉。廢奴論者、婦女選舉權運動分子與民權運動領袖，並不總是客客氣氣（甚至不太和平），而他們的無禮有時候有助於他們建立運動的目的[10]。我們許多人都曾經以這種方式，從某些無禮行為之中獲益。

然而這種策略有其代價。在此相關的代價是極化。當對手對你很粗魯的時候，會讓你憤怒，也會讓你有動機報復。在你對你的對手無禮的時候，這種做法鮮少會說服他們，通常會讓他們更不願意聆聽，也更無法理解你的立場。在兩邊都參與了無禮之舉以後，他們會對彼此還有彼此的觀念更看不上眼[11]。

這種極化，對雙邊都是傷害。更重要的是，這樣損害了我們共享的社會。許多真正想理解議題與爭論雙方理由的中庸派，被剝奪了靠理性決定作為的任何辦法，因為他們無法從無禮的長篇謾罵裡學到東西。他們對爭論雙方以及跟任一方結盟的新聞來源都失去信任。而且，我們的政府變得更無法運作了。為什麼我要跟說我愚蠢瘋狂的人一起工作？我怎麼能跟這樣失禮的對手妥協？因為無禮既有代價也有好處，通常很難分辨何時這麼做整體而言情有可原。對於認為侮辱與諷刺的好處大過代價的人來說，這兩種手段注定受到歡迎。我們其他人卻在同時為此受苦受難。

CHAPTER 3

噤言之聲
The Sound of Silencing

無禮如何讓極化火上加油？有一部分是靠著增加敵意，但也靠著用種種辦法壓制理性推論的聲音，阻止我們克服自身的敵意。當然，這還不是全部的故事，但這一章會聚焦在故事裡跟消音有關的部分。

被消音的與其說是**人**，不如說是**理由**。許多人話說得冗長又響亮，但這並不表示他們溝通或者交換過觀念了。有太多人話講得太多，卻根本沒用上任何有理由的論證。通常大家會假裝給出了理由，卻沒有真正提供任何算得上像樣的理由。許多人就只是放棄提供或期待理由，甚至連聽都不想聽了。結果就是賽門與葛芬柯在一九六四年唱起〈沉默之聲〉時也很糾結的事：大家交換空話，卻不理解彼此。

要是你不可能成功，幹嘛還試呢？

根據皮尤研究中心*（Pew Research Center）所做的一項調查，

共和黨人與民主黨人兩方表示，跟意見不同者談政治「壓力大又讓人覺得挫折」或者這樣的對話「有趣又增廣見聞」的可能性差不多一般高。而兩黨中的大多數（百分之六十五的共和黨人，百分之六十三的民主黨人）說，當他們跟另一邊的人談話時，通常到最後會發現，他們在政治上的共通點比他們自認為的來得少[1]。

為了避免無意義的壓力，人通常就會放棄，甚至不設法清楚表達或者消化資訊或理由。

因此導致的沉默，已有相當完善的紀錄[2]。已有研究顯示，比起主流團體，弱勢團體被消音的頻率比較高，程度也比較徹底[3]。然而在政治辯論中，沉默對雙方都有影響。沒有一方能夠聲稱只有自己這邊被消音——或者只有自己這方嘗試與對方溝通，卻受到挫折。因此，他們都停止嘗試跟對方論理了。

你從哪聽來的？

就算沒有一同談話，如果跟對手聆聽一樣來源的新聞還有評論，還是可以取得敵對方的論證。然而鮮少有人想從辱罵、扭曲自己這方政治觀點的資訊來源取得新聞。他們排拒這種資訊來源，認為它們主觀，甚至視之為「假新聞」。大多數人偏好讓自己的觀

＊編注：美國一間獨立性民調機構和智庫機構。

點得到支持，所以選擇會為他們的偏好背書的新聞來源。

這個趨勢同時影響到政治光譜的兩邊。在二〇〇四年，共和黨人與民主黨人看MSNBC與福斯新聞台的比例大致上差不多。到了二〇〇八年，看MSNBC的民主黨人比共和黨人多了百分之二十。另一方面，在二〇〇四年看福斯新聞台的共和黨人比民主黨人多百分之十一，但到了二〇〇八年，卻是多了百分之三十[4]。才短短四年，兩邊就都轉向不同的新聞節目了！

今日許多人從網路上取得新聞。要選擇接觸網路的哪些部分，最常見的工具是搜尋引擎跟社交媒體。在某人搜尋某個主題的時候，搜尋引擎會根據某個演算法，以特定次序列出關於該主題的網站。最常見的搜尋引擎，讓使用者經常造訪、而且有可能給予高度評價的網站排序優先。如果使用者就像大多數人一樣更常去排序在前的網站，那麼他們到頭來注定會造訪比較多支持他們政治觀點的網站。許多人甚至沒察覺到演算法可以操縱他們進入同溫層。

另一個揀選網站的工具——社交媒體的口耳相傳（姑且這麼說）——可能還更常見[5]。許多人利用社交媒體來推薦網站，他們的朋友又接著遵循他們的推薦。在這種狀況下，很明顯可以看出為什麼有自由派朋友的自由派人士到頭來會造訪自由派新聞來源的網站，而有保守派朋友的保守派人士結果造訪的是保守派新聞來源網站。雙方到最後都進了同溫層，而他們聽不到任何來自同溫層之外的事情。每個人的同溫層邊界，就是沉默開始之處[6]。

某些勇敢的靈魂確實會尋求衝突的新聞來源。然而他們的動機通常就只是從中糾錯，以便批評其他來源，而不是要從中學習。他們並不是真正在聽，只是在等待機會猛然突襲。一位精通此技的大師是《每日秀》（*The Daily Show*）前任主持人喬恩．史都華（Jon Stewart）。他總是能夠找到讓福斯新聞台顯得很蠢的簡短片段。當然，這些擷取片段通常並不公平，因為它們是在割裂脈絡的狀況下被扯出來的。史都華的藉口是，他的節目是喜劇節目，不是嚴肅新聞，但他還是為他的觀眾們訂下一個基調。在他們確實去聽敵對新聞來源的時候，雙方都受過訓練，要針對政治對手糟糕的部分加以嘲笑，而不是從他們優秀的部分學習。

如果公民同胞們是從互相衝突的來源取得事實還有分析與評論，那麼無怪乎他們到頭來一致地支持對立的立場。不意外的是，他們鄙視跟他們意見不同的人，因為那些人對新聞（至少是他們收看的那些）之中俯拾皆是的最基本核心事實，似乎一無所知。

提問能有什麼好處？

如果對手這麼無知，問他們為什麼相信他們相信的事，就不會有什麼收穫。現在許多人已經不再要求彼此提出理由來，這個事實的解釋之一就在於此。

提問之舉逐漸式微的另一個解釋，是文化上的。在某些圈子裡，問某個人為什麼這樣想、那樣做，會被視為天真或沒禮貌——比方說在討論宗教的時候。在許多關鍵與看法分歧的議題上，宗教信念都會影響人的立場。不過在一名穆斯林走進房間裡的時候發生什麼事呢？有任何人問穆斯林他們為什麼相信《古蘭經》是一本聖書嗎？或者他們為什麼相信穆罕默德是先知？我從沒聽任何人在這種狀況下問過這個問題，也許是因為他們並不期待任何有用或有道理的答案吧。大家反而要不是避開宗教話題，去講些別的事，就是避開穆斯林，同時假定他或她對恐怖主義抱著同情態度。兩種反應方式都無濟於事。對於宗教這頭「房間裡的大象」，雙方對於另一方所持立場背後的理由，都一無所知。同樣的事情也發生在基督徒、猶太教徒、印度教徒與無神論者身上。

我們也來想想同志婚姻議題。我在歐洲與美國的自由派朋友之中，如果任何人要說政府不該承認同志婚姻，那個人就會立刻被貼上老古板的標籤，然後被社交圈放逐。如果任何人費事去問「為什麼同志婚姻不該被承認？」發問者就準備好要嚴厲反駁保守派人士會提出的任何答案。他們不會以同情的心態聆聽、詮釋力求寬大，或者在對手的回應裡尋求任何真理。

反過來說，保守派把同志婚姻當成噁心、不道德或不自然的事情打發掉，然後把同志婚姻倡議者看成被同志倡議團體矇騙的傻子打發掉。他們假定，美國最高法院支持同志婚姻有憲法權利的意見完全是政治考量，是司法越權的產物——甚至在他們讀到那些意見書裡的論證以前，就這麼想了[7]。在你已經很有信心認定他們看法錯誤的時候，為什麼要花力氣仔細去讀判決意見呢？像這樣的態度，阻止任何一方更深入挖掘雙方的理由。

況且，就連在有人發問的時候，通常發問者都會被忽略，得不到回答。就看任何一場政治辯論好了。仲裁者問了一個嚴肅的問題，然後候選人接著講些完全不同的事情。有時候這種不回應會被描繪成背景資訊，但講者從來不曾回頭去回答原本的問題。有時候他們就只是改變話題，連個藉口都不給。不論哪種回應方式，不回答問題的傾向都助長了不問問題的傾向。在不可能引出任何真正回應的時候，為什麼要費事去提問呢？到頭來唯一會有人問的問題，是那些答案已經很明顯——或者被認為很明顯——的表面問題，所以沒有人會花力氣去給出答案或聆聽答案。「餘下的只有沉默」（就像哈姆雷特在死時所說的）。

論證能有什麼好處？

就算我們確實不想保持沉默或者讓自己消音，我們可能還是想要讓其他人消音。我的許多自由派朋友不只是不喜歡保守派——他們還很樂於「不喜歡」他們。他們自認為應該不去喜歡保守派。他們很自豪於拒絕跟對手講道理，甚至不跟對手說話。他們問道：「為什麼我們應該想辦法了解他們？為什麼我們應該對他們有禮貌？我們需要對抗他們，而辱罵是個值得施展的武器。如果我們可以讓他們消音就更好了。」當然了，保守派也以牙還牙。他們認為，自由派活該承受保守派堆在他們頭上的辱罵，因為自由派正在威脅他們國家的福祉，還有保守派珍視的價值。如果自由派閉嘴，他們會很高興。他們的目標是讓反對立場消音。

或許不是每個人都應該要合得來。比起努力去喜歡每個人，也許幾個心性相投的朋友就夠了，甚至這樣更好。在極端的危險迫近的時候，某些敵人需要以法律、甚至槍枝來加以制止，而不只是靠言語而已。

但如果我們從不去面對可敬的對手，我們還是會有很多損失。如果每個人都同意我們，或者我們只跟盟友說話，從不離開我們的同溫層，那我們就永遠不會尋求任何反駁對立立場的新證據。我們鮮少暴露在另一方的任何論證之下，會讓我們過度自信。這也會減少我們糾正錯誤的能力，我們會變得更有可能卡在某種窠臼裡。

這個基本論點是很久以前由約翰・彌爾（John Stuart Mill）在《論自由》（*On Liberty*）裡提出的。彌爾也看到與各種對話者商議的其他好處。在我們需要跟對手商議的時候，我們被迫為我們的立場提出論證，也因此更了解自己的立場與支持理由。有個近期的研究發現，「從思想的整合複雜性、思想的數量、還有論證的頻繁度來衡量，不一致的資訊增加了思考的品質。[8]」在此改善的是支持先前信念的理性推論，不過更好的論證也能夠加強雙方（支持者與反對者皆然）對於那個立場的理解。我們變得更有理由相信我們所相信的事，而且在我們補上更多限定條件以後，就算我們基本上維持跟一開始相同的立場，我們的觀點也變得更細膩、巧妙與精煉。與對手們正面遭遇，在許多方面都幫助了我們。

為了一有可能就找出反證與反論證，我們需要尋求的團體是成員盡可能在許多相關方面都有多樣性的團體[9]。這些團體會參與長時間而尊重有禮的審議活動，那也很有幫助[10]。今日我們有新的工具來幫助我們達成這個目標。我們可以利用網路來促進我們與反對觀點之間的接觸，例如參與我們在其他狀況下鮮少接觸到其中成員的審議團體，或者運用數位工具，像是Reddit的「改變我的觀點」（ChangeMyView）討論串[11]。

目標不是讓每個人同意。這樣有多無聊啊！意見的多樣性振奮人心又有啟發性。目標也不在於讓我們全都對其他立場保持開放態度。我們應該不會願意轉向一個明顯錯誤的新立場。目標反而是保持禮貌，理解對手，而且就算在他們錯了的時候，也要從他們身上學習。

當然，深思熟慮的混合性團體並不保證就會達到相互尊重的境界，更不用說是得出真理或者最佳政策了。某種錯誤的風險是避不了的。不過，與對手論理還是讓我們有更多機會，達到相互理解尊重、並且得出真實信念與良好政策。

沉默不是很舒服嗎？

如果理性不該被消音，我們必須整天談論爭議性的話題嗎？不是的。過量論辯本身就可能產生問題。大多數時候我們應該放過種種爭議，繼續過我們人生中比較愉快的部分。

網路小白有時候會進行所謂的「海獅行為」（sealioning）。他們要求你得一直陪他們辯論下去，他們想辯多久就辯多久，甚至在你發現進一步討論也無濟於事之後還持續許久。如果你宣布你想停止，他們就會指控你心胸狹隘或者反對理性。這種做法極其令人不快。理性不該被消音，但它偶爾需要度個假。

在我們談論爭議性話題的時候，並不總是非得讓對手加入我們的討論裡。美國的許多大學設立了「安全空間」，如果學生想要在不碰上反對或懷疑論立場的狀況下，談論私密而有爭議性的話題，就可以去那裡。這些環境理應是有支持性的，而且有助於療癒與增進自信，對於經常被其他人忽視或譴責的團體來說尤其如此。舉例來說，同志學生厭倦了在一個充滿敵意的環境裡捍衛自己的生活方式，所以藉著進入他們知道不會有人說他們不道德的安全空間，他們能夠獲得個人力量。這樣的安全空間與我的整體論點完全相容：我們需要接觸對手，才能夠從他們身上學習。生活中有的是足夠時間兼顧兩者。在某些時候使用安全空間，以便讓自己準備好在其他時候面對對手，沒什麼不對——只要到最後每個人確實走出來接觸敵對立場，程度頻繁到足以理解那個對立面就行。

就算在時機正確的時候，有價值的並不只是談論爭議話題——我們需要學習怎麼用正確方式向對手說話。對於怎麼樣算是正確方式，拉普波特規則（前面引用過）解釋了一部分。這本書的第二部與第三部，會談到更多怎麼樣算是彼此理論爭議議題的正確方式。無論如何，很重要的是要承認言論是不夠的。我們需要的是種類正確的言論，其中牽涉到有禮貌地溝通理由。

CHAPTER

4

論證能做什麼
What Arguments Can Do

我們的問題無法完全靠論證本身來解決。就算是好種子也無法在貧瘠的土地上生長，所以在論證能有任何成就以前，閱聽眾必須樂於接受。為了培養他們樂於接受的態度，我們需要許多其他美德，包括謙遜、親切和藹、禮貌、耐性與寬宥。但如果這一切都必須事先表現出來，論證還能帶來什麼進一步的實在好處，是這些美德還沒辦到的呢？

誰是奴隸？

許多憤世嫉俗者與懷疑論者從一開始就不會考慮理性推論。他們拒絕承認理由與論證有我聲稱的那種莫大力量。有時候，這些懷疑論者根本拒絕承認理由與論證有任何力量可言。就他們看來，理由什麼也做不到——因為他們相信一切都是情緒決定。根據他們的說法，我們完全被我們的情緒、感受與欲望所驅策，而不是受到理由或信念驅策——論證就更談不上了。

為了支持這個觀點，這樣的批評家通常引用早期近代哲學家大衛・休謨（David Hume）惡名遠播的一句話：「理性實際上是、也應該只是激情的奴隸。[1]」這句簡單的口號很容易朗朗上口，不過休謨深思熟慮的觀點更複雜巧妙得多：

（為了）替這樣的情操（或情緒）鋪路，並且恰當辨別其對象，我們發現通常有必要如此：許多的理性推論應該優先，優良的區別應做劃分，還應該提出公正的結論，形成遠距離的比較，檢視複雜的關係，確定並查明一般性的事實……在許多美的等級裡，尤其是較精緻的藝術之中，必要條件就是應用許多的理性推論，以便感受到恰如其分的情操；而錯謬的喜好，可能經常受到論證與反省的糾正。有公正的立場可以做出結論：道德之美在後面這個種類裡參與甚多，並且要求我們的知性功能加以協助，以便讓它對人類心智有適切的影響力。[2]

休謨在此解釋了理性推論如何通常先於情緒，影響並且糾正情緒，在道德事務上尤其如此。如果理性是個奴隸，這個奴隸有時候引導著它的主人。

我們從休謨的這段話裡學到的教訓是，理性與情緒之間的對比是一種假的二分。我們不需要——也不應該——主張一切都靠情緒，理性毫無作為，或者一切都靠理性，情緒毫無作為。情緒反而是被理性所引導的。的確，情緒可以是理由，就像是恐懼指出危險，或者快樂證明你做了好選擇的時候。強烈的情緒可以有強烈的理由支持，像是有人強姦我朋友讓我非常憤怒的時候。理由並不總是要求我們保持冷靜如冰。我們天性中的理性與情緒面向，確實是、也應該是如同盟友般地共同努力，形塑出我們的判斷與決定。

兩者不需要衝突或競爭。

休謨在分析的是道德與美學判斷，不過他的論點也可用在私人、政治與宗教爭議裡。憤世嫉俗者通常聲稱，人會根據他們的感受——恐懼、憤怒、憎恨與噁心，但也有正面的吸引力——來挑選他們的朋友、政治黨派與宗教立場。他們靠感覺進入他們的立場，而不是靠論理或思考事實。他們從「應然」轉移到「實然」——從他們對於「世界應該是什麼樣」的信念，轉移到「世界實際上就是那樣」的信念上。

當然，沒有人實際否認或者應該否認情緒對於火熱議題來說很有關鍵性。就是情緒讓火熱議題變得「火熱」。雖然如此，理性與論證也有某種要扮演的角色。人如果對他們的個人、政治或宗教立場沒有強烈感受，就不會變得變得主動積極，並且甘冒疏離他人的危險。在此同時，如果他們沒有用他們那種方式思考並推論相關的事實，他們可能不會有這種感覺。理性因此影響到行動，因為行動是奠基於動機與情緒，而那些動機與情緒又是由信念與理性推論所形塑的。

要在一個有個人性質的例子裡看出這一點，就請你想像有人向你通風報信，說你工作場合的升遷競爭對手對你的老闆捏造關於你的謊話，讓她而不是你得到升遷。「那惡魔！我恨她！我要報復她！」你的情緒被激起了，而這些情緒帶領著你去破壞她的職業生涯。你的憤怒引導你去說關於她的謊話，但你被逮到了。接著你的老闆開除了你，因為你損害到她跟整個團體。

你的行為太降低生產力、太有毀滅性，這個事實會導致許多人把你的行為貼上不理性跟情緒化的標籤。看來是情緒阻礙了本來會阻止你惹上麻煩的理性推論。如果你沒有那些情緒，你絕對不會那樣槓上你的對手。

不過，如果你沒相信你的對手說了關於你的謊話、沒相信她的謊話就是你沒得到升遷的理由，你也絕對不會有那種舉動。你相信你的線人，所以你從他的報告裡推論出結論：你的對手說了關於你的謊話。然後你假定她的謊言是你沒得到升遷的最佳解釋。就是這個理性推論，導致你對你的對手有強烈的負面情緒。如果你不信任你的線人——或者你不相信對手的謊言對你的升遷有任何影響——你根本不會這麼憤怒、這樣報復心切。那你就能保住你的工作了。

理性與情緒以這種方式，共同塑造了我們的行為。有時候，情緒會從情境中與相關事實少有關聯，或者完全無關的面向中出現。然而我們通常對人發飆，是因為我們相信他們做了某些錯事。我們的憤怒可能接著引導我們以不理性的方式行動，但這種憤怒原本是從關於另一人的信念中冒出來的，而那個信念可能是理性推論過程的產物。如果理性推論有誤，那麼情緒就沒有合理根據，可能導致我們誤入歧途。就算理性推論是好的，情緒也可能變得太過強烈，以至於阻礙了隨後的推論。無論是哪一種發展，我們都需要同時考量理性推論與情緒，以便理解行為。認為行動是單單由理性或情緒一方導致的，是錯誤的想法。

同樣的論點在政治的社會層面上也成立。以最近英國的脫歐公投為例。輸掉公投的脫歐反對者，聲稱投票是受到情緒的催化——對移民的恐懼、對政治家感到挫折等等——而讓投票人忘記或者忽略了脫歐要付出經濟代價的論證。這個模式很常見。輸掉那方的投票人典型的說法是，他們的對手採取的行動是出於情緒而非理性。但請想一想，真的有許多移民蜂擁進入歐洲與英國。他們確實對英國國民造成衝擊。如果英國國民歡迎他們而不是害怕他們，投票可能會有不同的結果，這點是真的。但如果事實有所不同，投票結果也會有所不同，這也是真的；舉例來說，如果移民比較少——同時假定國民會隨之改變信念——結果就不同了。如果英國國民被說服相信移民是在幫助他們，而不是拿走他們的工作、濫用他們的公共服務，投票可能也會有別的走向。這些事情需要靠著認知、理性推論與論證來決定。因此，確定事實的論證與看我們對這些事實如何反應的情緒，兩者在決定我們的回應時，都扮演了某種角色。在此不是非此即彼。憤世嫉俗式的評論家太過強調情緒、太貶低理性推論。理性也扮演了一個角色——並不是取而代之，而是附加到情緒之上。

在許多像這樣的例子裡，理性並非激情的奴隸，激情也不是理性的奴隸。它們不是奴隸與主人，反而是以同儕和盟友的身分一同合作——或者至少它們能夠如此。

還有任何希望嗎？

這個觀點的批評者還不會放棄。當然，他們會承認我們的信念引導我們的情緒。但為什麼認為理性推論或論證真的就決定了我們的信念？我們的信念可能就只是我們炮製出來，配合自身感受的事後合理化。我們可能真正相信我們所相信的事，就因為我們想要那樣相信。或者我們可能根本相信得毫無理由。那麼理由與論證，就跟我們相信什麼毫無關係了。

長久以來，否認論證有任何好處的憤世嫉俗者都曾表露過這種情緒：

> 我得出了這個結論：要拔得一場論辯的頭籌，天底下只有一種辦法——而這個辦法就是避開它。避開它，你就避開了響尾蛇與地震。
>
> ——戴爾·卡內基（Dale Carnegie）[4]

論辯是應該避開的，它們總是很粗俗，而且通常很有說服力。

——奧斯卡・王爾德（Oscar Wilde）[5]

很機智是吧？

提出這麼極端的主張是很有趣，但現在我們需要問的是，這些說法是否正確或精準。當然不了：這些話是諷刺意味濃厚的誇張說法。真相是，雖然我們無法總是跟每個人講道理，這層限制並沒有證明論證與理性推論從來都沒有用。

一般公認，論辯（尤其是在線上）可能很讓人挫折。對手通常根本不聽。不過他們有些時候確實會聽。我曾經認為哺乳類不下蛋。然後我在維基百科上讀到單孔目動物是會下蛋的哺乳類。我可以抗拒，但我沒有。我推論出結論：某些哺乳類會下蛋，因為我想得知正確事實。

我沒多在意單孔目動物——不過某些論證可以對我們的人生造成重大改變，而且引導我們採取背離基本欲望的行動。有一次，我教了一門討論動物權利與素食主義的應用倫理學課程。在那門課之後，有個學生對我表示感謝，他說：「你的課程讓我們全家都變得比較快樂。」他的父母都是素食主義者，但他自己不是。在這堂課裡，他開始欣賞支持素食主義的論證，因此更了解他的父母了。而且他還決定變成一個素食者。「為什麼？」我問道。他聲稱，支持素食那方的論證在他看來比較強有力。當然，他可能是被糊弄了。論證可能其實沒有影響。或許他真正想要的是跟他的家人相處更融洽。有這個可能，不過他的說法是，他跟他們已經非常融洽了。也許某張動物在工廠式農場裡受苦受難的恐怖照片，才是真正讓他改變心意的東西。然而我沒有展示任何動物在工廠式農場裡受苦的恐怖照片，他也沒有表示自己看過這種照片（而他何必要說謊或忘記呢？）。所以在這個例子裡，論證確實至少做到某些工作。他變成一個素食者，因為論證給他理由變成一個素食者。

許多因為證據出現而大幅改變立場的其他例子，都有詳盡紀錄。梅根・菲爾普斯—羅浦（Megan Phelps-Roper）說明過，她放棄對威斯特布路浸信會（Westboro Baptist Church）的忠誠，有一部分是因為：

> 我在推特上的朋友花時間理解威斯特布路的教規，而且在這麼做的同時，他們能夠找出我這輩子一直忽略的不一致之處。耶穌明明說了，「你們中間誰是沒有罪的，誰就可以先拿石頭打他」，為什麼我們卻鼓吹要給同志死刑？我們怎麼能聲稱愛我們的鄰居，同時卻祈求上帝毀滅他們？真相是，這些網路陌生人對我展現的關懷，本身就是一個矛盾。這就是日益增加的證據，證明另一邊的人不是我一直被引導去相信的那種惡魔[6]。

當然，她對她推友的情緒，還有她對鄰人的同情心，在她的改宗過程裡扮演了一個很大的角色。不過這並不表示理性沒有扮演任何角色。她的情緒讓她聆聽她推友們的話，但她描述到他們的發言內容也造成差別：「他們能夠找出不一致之處。」她被「日益增加的證據」給說服了。

無可否認的是，其他威斯特布路教會的成員並沒有改變他們的信念。也許他們沒在聽。這顯示論證本身並不總是足以確保某種信念或行動。不過人不該期待那麼多。火柴棒不會每次都點得著，有時候火柴棒或者火柴盒濕了，有時候你擦火柴棒的時候摩擦力不夠，有時候氧氣不足。而且，有時候火柴棒沒打就著了，像是你用另一支火柴棒點著另一支火柴棒的時候。因此，一個原因不必然在所有環境下，對結果而言都是嚴格必要或充分的發生條件。儘管如此，在火柴棒確實點著的時候，摩擦那根火柴棒就是導致火柴棒亮起的原因。依此類推，給某人達到某個結論的論證，可能導致閱聽眾相信那個結論。

那麼為什麼憤世嫉俗者否認論證會影響信念呢？這個簡化的觀點會有吸引力，是因為每個人都有過拿出一個好論證，卻無人信服的挫折經驗。但那證明了什麼呢？或許只證明沒有人聆聽或理解。也許就只是那個論證沒有表面上看起來那麼好。也有可能只是閱聽眾需要時間琢磨。

憤世嫉俗之見的起因是不符實際的期待。如果我們期待一個論證是人人都一聽就信的壓倒性證據，那我們就注定要失望。幾乎沒有一個論證有這種作用。如果我們修正我們的期待，讓這些期待更符合實際，而如果我們夠有耐心，稍微等待影響發酵而不要求馬上立竿見影，那我們就會發現理由與論證能夠有些影響。有時候，某些論證確實緩慢而局部地改變了某些人的信念與行動。這種力道微弱的主張，可能讓要求更多的憤世嫉俗者感到失望，但也可能足以給我們進步的希望了。

我們從論辯中得到什麼？

我在此的整體目標，是證明論證有多麼迷人而重要，並且拆解對於理由與論證的常見誤解。大多數人把論證看成是說服其他人，或者在某種鬥嘴、辯論或競賽中擊敗他們的方法。這個觀點不算全錯，卻很有限而不完整。某些人確實把論證呈現成才能或力量的展示，但論證也可以在社交互動中扮演更建設性的角色。

學習

想像我跟你論辯關於制裁北韓的談判。我論證說應該要把中國隔絕於談判之外。你則論證說應該容許中國加入談判，因為中國會讓國際制裁更有效果。你駁斥我的論證，然後說服我相信應該納入中國。如果論證像是打鬥或者競賽，那麼你就贏了。你讓我信服了。我沒說服你。

這個觀點很落後。你如果真有贏得什麼，也贏得不多；畢竟你到頭來還是維持你一開始的觀點。你可能沒學到任何東西，因為你反駁了我反對你立場的所有論證。你可能甚至沒有更理解我、或者我一開始的立場。所以你從我們的互動之中只學到一點點，或者根本沒學到；或許你只有從贏得競爭或者讓我看出自己的錯處，而得到一些良好的感受。這就是為什麼我會懷疑你有「贏」。

相對來說，我得到許多。我改進了我的觀點；我得到新的證據與新的論證；比起我們的論辯之前，我對於當前的情況與我的新立場，有更好的理解了。如果我想要的是真理、理由與理解，那我就得到我想要的了。這樣讓我成為真正的贏家。比起怨恨反駁掉我論證的人，我反而應該感謝他們教導了我。但要看出為什麼，我們需要理解論證不像吵架、辯論或競賽。

尊重

另一個提供論證或者要求論證的積極益處，在於這麼做是對你的閱聽眾表示尊重。

當你牽著狗散步的時候，你想往右轉狗卻往左轉，你會怎麼辦？你會拉住牽繩。你不會怎麼辦？你不會說：「小花，請遵循理性。」

請把帶狗散步跟帶著你的伴侶散步做個對比。你的計畫是，在你第一次造訪的某城市街區周圍做個愉快的晚間散步。在你走到一個十字路口的時候，你想往右轉，你的伴侶卻往左轉。你會怎麼辦？你最好不要光是扯著你的伴侶往右轉。你反而會（我希望如此）跟你的伴侶講道理。你可能會說類似這樣的話：「我想我們的旅館是在那個方向。」如果他們不同意，你可能會爭辯：「我們不是先右轉、再右轉，然後再右轉了嗎？如果我記得的沒錯，那麼我們現在需要往右轉才能回去。你不同意嗎？」你提出往右轉的理由，而不只是逼你的伴侶往右轉。提出理由的目標，不只是要他們轉向你想要的方向。目的也在於向他們顯示，你體會到他們能夠理解並回應這些理由，跟狗不一樣。這也向他們顯示出你承認你可能是錯的，他們可能是對的。你給他們機會回應，可以顯示你是錯的，或者你的論證有某個地方錯了。這種理由交換，是發生在彼此尊重並且承認自身可能犯錯的對等人士之間。提出論證的一項益處，就是打出信號，表示你以這種方式看待你跟另一個人的關係。

這個信號不只是在我們給予理由的時候，也在我們要求理由的時候送出。一個小孩在你說的每句話後面都追問「為什麼？」可能會變得非常惱人。然而在你每次不同意某人的時候，某人都不問為什麼，也可能很惱人。你說：「咱們往右轉。」你的伴侶回應：「不，咱們往左轉。」就這樣。沒別的話了。這樣會惹惱大多數人，有一部分是因為我們想要其他人承認，他們欠我們一個理由，但也是因為我們希望他們對我們的理由感興趣。問「為什麼你想往右轉？」，就顯示出我承認我是那種能夠給出理由的生物。這是尊重的標記。

謙遜

在展現尊重以外，使用理由與論證的另一個好處是它們能培養謙遜。如果兩個人沒論辯過就意見不合，他們所做的就只是彼此嚷嚷，沒有任何進展。雙方都還是認為他們在吵架。相對來說，如果兩邊都引用論證，清楚說明支持自身立場的理由，就會打開新的可能性。一種可能性是其中一個論證被反駁；也就是說，被證明是失敗的。在這種狀況下，仰賴被反駁論證的那個人會知道他需要改變他的觀點。這是達到謙遜的一種方法——至少對某一方而言。另一種可能性，是兩個論證都沒有被反駁掉。雙方都有某種程度的理由站在自己這邊。就算對話者雙方都沒有被對方的論證說服，雙方還是可以開始欣賞對立的觀點。他們也領悟到，就算他們掌握了幾分真理，也沒有掌握全部的真理。在他們承認並且領會反對他們自身觀點的理由時，他們就能變得謙遜。

論證如何能夠引起這樣的謙遜？要削弱對手的過度自信，並且讓他們更容易接受你的立場，最佳辦法乍看可能是提出一個壓倒性的論證，向他們證明為什麼他們是錯的、你是對的。有時候這樣有用，但只在極少數狀況下有用。

通常效果更好的是問問題——尤其是要求對手提出理由。問題通常比斷言更有力。但是，要提哪些問題？我們需要學習問出種類正確的問題，也就是會帶出成效良好對話的那些問題。在一個實驗裡，布朗大學心理系教授史蒂芬．斯洛曼（Steven Sloman）跟他的同僚們發現，大體上來說，比起問別人他們的建議要**如何**奏效，問他們**為什麼**會抱持他們所具備的那種信念，會導致他們面對衝突觀點時更不謙遜、心胸更不開放[7]。舉例來說，針對碳交易政策如何減少全球暖化的問題，要求受試者一步步說明其因果機制。受試者發現很難具體說明這個機制，所以他們開始領悟到他們對自己的立場了解不足，這樣讓他們變得比較溫和，對其他觀點保持開放態度。我們也可以問自己同樣的問題。自問我們的計畫應該怎麼運作，很可能會讓我們更謙虛、心胸更開放，因為接著我們會開始領悟到，我們的理解不像我們自己認為或者需要的那樣多。

而且，如果我們經常問別人跟自己這樣的問題，接著我們可能就會開始事先預料到有這種問題。珍妮佛．勒納（Jennifer Lerner）與菲利浦．泰特拉克（Philip Tetlock）分別在哈佛大學與賓州大學，證明了當責（accountability）——預期到自己需要給出理由——會導致人更常基於相關事實而非個人好惡，來決定他們的立場[8]。一個創造出這種預期的脈絡，包括鼓勵針對理由提出相關問題的文化，能夠幫助培養為理由相關問題提供答案的謙遜、理解、理性推論與論證。

提出問題與態度謙遜的目標，不在於讓人在有理由有信心的時候失去信心。恰當的謙遜並不需要讓人失去所有自信、放棄所有信念，或者卑躬屈膝、貶低自己。一個人承認有理由相信別的觀點，自己可能有錯，還有自己並沒擁有全部真理的同時，還是可以強烈保持自己的信念。提出理由與預料到理由，再加上提出問題與回應問題，可以幫助我們朝這個方向邁進。

抽象化

論證也可以破壞極化。如果人更謙遜審慎，就不太可能採納極端的立場。他們也比較不可能因為太過肯定自己的立場，就認為他們的對手很笨或很不道德，所以他們不會太愛謾罵，也不會敵意太強。

論證對極化的破壞，還有一種比較不明顯的方式：論證引導人用更抽象的方式思考。人為自己的立場建立論證的時候——例如在政治立場上——通常會訴諸於抽象原則，像是普遍權利。另一個方法是使用類比，不過那些類比傾向於仰賴在其他方面有所區別的案例之間，找出的抽象相似性。因此論證的許多常見形式，都要求人面對某個特例的細節時後退一步，從比較抽象的觀點來思考這個議題。

所以抽象思維削減了極化，至少在正確的脈絡下如此。人在思考一個政治議題的時候，能夠把自己想成是國家的公民，或者想成自身所屬特定政黨的成員。研究已經顯示，人在認同某個特定政黨的時候，抽象思維能夠增強極化。相對來說，人在認同於整個國家的時候，抽象思維減少了國內團體之間的極化[9]。這個效應背後的運作機制並不清楚，不過從國家角度做抽象思考的人，會同時訴諸於把整個國家繫於一體的原則，還有他們與其他公民共享的利益。當然，這些訴求對於他們在國內的許多對手而言，也有同樣的力量，所以結果是極化的程度降低，相互理解的程度則增高。

當然，抽象化不需要在此止步。人也有可能認同自己的物種，所以會把自己視為跟其他人類一樣的人類，把他們的訴求範圍延伸到跨越其他國家。我會猜測，這方面的抽象思維可能甚至有助於克服國家之間的敵意與極化。

並沒有證據指出，政治對手一旦思索過自己的論證與對手的論證，就會突然跟對方變成最要好的朋友。我們需要比這更多的耐性。雖然如此，朝向更常使用論證、更進一步欣賞論證而邁進的文化轉移，藉著引進更多的抽象思維，可能對極化造成某些影響。

妥協

放在最後而仍舊重要的是，論證可以造就出妥協的可能性。如果我知道你不同意我的理由，你也知道我不同意你的理由，那麼我們就可以一同努力，找一個能滿足我們雙方顧慮的中間立場。想像一下你贊成調漲最低薪資，因為任何全職工作的人都不該生活在貧困之中，而我反對增加最低薪資，因為這樣會減少提供給窮人的工作數量。你關心工人們的貧困，我關心的是工作。知道了我們的理由，我們就可以尋求一個妥協立場，會盡可能讓多點勞工免於貧困、卻又不至於減少太多工作。如果我們還沒給出我們的理由（如果我們省掉了「因為」開頭的子句），那麼我們就不會知道要往哪去找我們都能夠忍受的妥協。

你可能會問：「所以咧？到底為什麼我們會需要妥協？」雖然百分之八十二立場一致的自由派偏愛會妥協的領袖，百分之六十三立場一致的保守派卻偏愛堅守原則的領袖[10]。兩種立場都可以得到支持。無法妥協可能導致戰爭；雖然如此，某些妥協很腐敗[11]。美國的著名例子包括〈五分之三妥協〉（〔*Three-Fifths Compromise*〕在計算各州人口的時候，把一個奴隸算成五分之三個人）還有〈密蘇里妥協〉（〔Missouri Compromise〕容許某些區域的奴隸制度，其他地方則不准）。歐洲最惡名昭彰的例子，是內維爾・張伯倫（Neville Chamberlain）對希特勒的綏靖政策。多的是我們不該妥協的例子——就像在奴隸制度跟希特勒的例子。然而這番坦白適用於今日的妥協嗎？如果人痛恨對手的程度，真的就像痛恨奴隸制度與希特勒那麼多，那麼他們可能有理由反對這樣恐怖的妥協。但接下來的基本問題就在於雙方憎恨對方的程度，就像憎恨奴隸制度跟希特勒一樣。要是沒有這種極端假設，妥協通常是令人嚮往的。

當然，沒有一種妥協是完美的。妥協不容易。妥協並不理想，也不無危險性。但妥協還是必要的。在某些例子裡，我們要有能耐妥協，才有可能搞定任何事情。最好的妥協是建設性的，這意思是妥協創造出更多價值，讓雙方都變得更好。互相競爭的黨派不會知道怎麼打造出這樣的妥協，除非他們知道另一方重視什麼——而要學習另一方的價值觀，從而促進妥協，最佳方式就是仔細聆聽他們的理由與論證。

我們現在站在哪兒？

就像我們在前面幾章裡看到的，極化的問題瀰漫於今日世界各地的政治與文化中。這一章指出，更了解論證與論證所表達的理由，就能夠讓問題朝著改善的方向更進一步。為什麼？因為理性推論與論證表達了尊重，改善了理解，導入謙遜，破壞了過度自信，也引發降低極化、讓合作與妥協變得有可能的抽象思考。

我明白這個構想會讓許多批評者覺得太過樂觀又太過簡化。我難道不知道論證不可能改變世界嗎？我知道的。當然，光是對論證過程學到更多，再加上給出並徵得更進一步的論證，這些事情本身無法解決世界上的所有問題。我承認這一點。儘管如此，一個部分解決方案的開端，不會只因為它無法一次解決整個問題，就變得沒有價值。我的希望是，關於論證的學習，可以削減某些讓我們分離、阻止我們共同合作的藩籬。

INTERMISSION
中場休息

從為何到如何
From Why to How

CHAPTER

5

為何要學如何提出論證？

Why Learn How to Argue?

許多人相信他們已經知道怎麼論辯了：他們就只是宣告有個理由支持他們的立場。他們也相信自己很擅長此道，因為在他們看來，他們提出的理由很強。而且他們相信，他們可以光用想的就分辨論證的好壞。

如果論辯跟評估論證真有這麼容易，這本書的其餘部分就不需要存在了。你不需要學怎麼論辯，你已經知道怎麼做了。

論辯得好不是那麼容易。誠然，大多數人在許多狀況下論辯得相當差。他們會一再犯下相同的錯誤。這些傾向並不是無知或缺乏才智的結果。如果沒接受過恰當的訓練，就連聰明人都會認同糟糕的論證，被糟糕的論證愚弄。這就是為什麼我們全都需要努力學習如何提出論證。

你想做個交易嗎？

種種悖論顯示出我們有多少事情必須學習。在以下事件裡，這一點變得很明顯：知名數學家瑪莉蓮・沃斯・莎凡特（Marilyn vos Savant）挑戰她的讀者，要他們解出蒙提霍爾問題（〔Monty Hall problem〕按照美國益智節目《咱們來做個交易》〔*Let's Make a Deal*〕主持人的姓名命名；也稱為三門問題）：

假定你在一個益智節目上，而且你有三道門可供選擇：其中一道門後面是一輛車，其他門後則是山羊。假設你選了一號門，而知道門後有什麼的主持人，打開了另一個門，假設那是三號，後面是一隻山羊。接著他對你說：「你想要選二號門嗎？」改變你的選擇對你有利嗎？[1]

大多數讀者，包括幾位數學教授，回答說改變選擇沒有好處。這個回答看似正確，因為只有兩道門（一號與二號）仍然關著，你知道其中一扇藏著山羊，另一扇藏著汽車，而你似乎沒有理由認為某一道門比另一道門更有可能藏著車子。

但這個想法有誤導性。為了理解為什麼，請回想三道門後面只有三種可能的配置：車、羊、羊，羊、車、羊，或者羊、羊、車。如果你一開始選擇一號門，蒙提．霍爾揭露另外兩道門的其中一扇後面是山羊，三次中有兩次，你改變選擇會贏得車子。你只有在第一種排序（車、羊、羊）的狀況下，換成二號或三號門才會輸，但你在另外兩種排序（羊、車、羊跟羊、羊、車）時都會贏。

專家們現在同意這個解答（也就是說，改變選擇是最好的），但不是每個人都心服口服。重點就在這裡。我們並不像我們願意認為的那樣善於理性推論。我們需要學習怎麼做得更好。

你的願望會成真嗎？

心理學研究也向我們顯示，我們為何需要琢磨我們的技巧。在某些這樣的實驗裡，問題在於一個論證是否有效：在此有效意謂者「結論為假時前提不可能為真」。結果顯示出許多人如何因為他們希望某論證的結論為真，就評估該論證有效[2]。請考量這個論證：「如果裁判不公平，那麼曼徹斯特聯隊就會輸。裁判會很公平。所以曼徹斯特聯隊會贏。」許多曼聯球迷可能會相信這個論證有效。然而這個信念是不正確的，因為如果裁判公平、曼聯還是輸了的時候，前提還是為真，但結論就為假了。有可能無論裁判是否公平，曼聯都會輸。粉絲的錯誤，源於他們不願意想像他們的球隊可能會輸，他們想要避免這一點。這就是為什麼曼聯隊敵手的粉絲比較不常犯這個錯誤；他們很樂於承認，無論裁判如何曼聯都可能會輸球。當然，這並不表示他們比曼聯球迷更聰明或更有邏輯性，因為面對自己偏愛的球隊，他們也會犯下一樣的錯誤。兩邊都會有一廂情願的想法。

一個與此相關的弱點，叫做期許偏誤（desirability bias），這是指傾向於找資訊支持你希望為真的立場[3]。回憶一下你上回踏上體重計，看你增加了多少體重的時候吧。研究顯示，如果體重計顯示你喜歡的體重，那麼你就比較可能相信體重計；但如果體重計顯示出你不喜歡的體重，那麼你就比較可能先下來再踏回去，希望第二次顯示出來的重量會比較合意。我們全都會做像這樣的事情。

你能夠信任代表嗎？

我們的理性推論與論證也會被捷徑思考法（heuristics）帶歪。贏得諾貝爾經濟學獎的普林斯頓大學教授丹尼爾．康納曼（Daniel Kahneman），把一種經典的捷思法稱為**代表性**（representiveness）。康納曼與他的研究合作者，給實驗參與者關於某位研究生的描述：

> 湯姆．W智商很高，然而缺乏真正的創造力。他很需要秩序與清晰，也需要每個細節都各歸其位的整齊俐落體系。他的文筆相當枯燥而機械化，偶爾會用有幾分粗俗的雙關語與驚鴻一瞥的科幻想像力來活絡氣氛。他有強烈動機追求稱職的表現。他似乎對其他人沒多少感受性與同情心，並不樂於跟其他人互動。他很自我中心，儘管如此卻有深刻的道德感[4]。

實驗參與者拿到九種研究領域的清單。一組參與者被要求按照湯姆「類似某領域典型研究生」的程度，來為這些領域排序。另外一組人則被要求按照湯姆屬於某一領域的可能性，來為這些領域排序。兩組人都被要求逐一估計這九個領域的研究生百分比。這些估計值從百分之三到百分之二十不等，而湯姆的描述反映出較小的領域，像是圖書館學給人的刻板印象。儘管如此，參與者提出的百分比估計值，對他們所做的機率排名幾乎沒有影響。對於代表性與機率問題所做出的回答，反而幾乎是完全相關的。這指出受試者忽略了基線百分比，而幾乎把他們的機率估計值完全奠基在他們對代表性的判斷上。他們忽略了應該影響他們理性推論的關鍵資訊。

你應該展開新頁嗎？

另一個常見錯誤，出現在華森選擇作業（Wason selection task）裡。實驗參與者看到四張卡片，卡片一面是字母，另一面是數字，有一面是朝上的：

B	L	2	9

然後參與者得知一條規則：

如果一張卡片有一面是B，這張卡片的另一面就是2。

作業內容是翻開所需最少量的卡片，來決定這條規則是否真確。正確答案是翻開B跟9朝上的卡片，因為如果B卡背面不是2，或者9號卡片背後是B，這條規則就不是真的。不幸的是，種種研究一致發現，大多數大學生（高達百分之九十）不會翻開B跟9號卡片。大多數人只翻開B卡，或者B跟2號卡片。然而2號卡片是不需要翻開的，因為不管另一面是不是B，都不會滿足規則。畢竟規則說的只是一面為B的卡片在另外一面是什麼。這條規則沒有說一面沒有印B的卡片，在另一面會是什麼。

幸運的是，把這項作業轉換到實用性脈絡的時候，這種錯誤就變得比較少見了。假定卡片看起來像這樣：

Beer	Water	15	25

然後實驗參與者得知每張卡片有一面是顧客的年紀，另外一面是那位顧客喝了什麼，而法律規定是：

如果顧客不到二十一歲，他們就不准喝啤酒。

在此規則是翻開所需最少量的卡片，來確定哪位顧客違反法律。參與者在這個比較實際的作業上表現得好多了。某些研究者用我們的演化史來解釋這種成功。我們的演化是要確定什麼時候有人違反社會規則（像是法律），卻不是要測試出毫無意義的普遍化規則（好比說是否一邊印著B的卡片，在另外一邊就印著2。）[5]

我們能變得比較厲害嗎？

這些實驗（還有更多其他實驗）顯示出我們遠遠稱不上是完美的理性推論者。對啦，我們早就知道了。這些實驗也具體指出人通常會以哪些特定方式誤入歧途。這很有意思，而且能幫助我們了解到什麼時候需要小心行事。

我們常常被誤導的事實，並不證明我們永遠無法做恰當的理性推論。狡猾的心理學家安排了特殊環境，以便讓實驗參與者犯下錯誤。儘管如此，華森選擇作業顯示我們在某些環境（實際情境）裡的表現，會比其他環境（抽象情境）下來得好。況且，我們在犯錯時能夠認清狀況。要向答錯華森選擇作業的人證明他們的答案為何有誤，是很容易的。他們鮮少死守原來的答案。這顯示出我們可以學習，而且我們能夠在適當環境條件下，分辨好的與壞的理性推論。

其他心理學家已經發現，不同情境對於恰當的理性推論更有助益。儘管獨自處理時會失敗，組成團體的參與者在華森選擇作業中提出的答案，有百分之八十是正確的；而更普遍來說，「人相當能夠以沒有偏誤的方式理性推論，至少在他們評估論證而非產出論證時，還有他們在追究真相而不是試圖贏得辯論時，都是如此。[6]」此外，我們可以把建制（像是科學）的結構，設計成盡量增加錯誤被發現並排除的機率，好讓錯誤不至於造成長期的誤導[7]。因此，我們可以改善理性推論與論證，不只是靠訓練，也靠著灌輸對真理的渴望與理解，還有創造出能糾正錯誤的制度。這些環境條件，比較有可能出現在理解理性與論證的文化裡。

我們的理性推論與論證技巧都很容易犯錯，也都是可以糾正的。杯子不是只有半滿，或者只有半空——而是同時兼具兩者。要透過辛勤仔細的努力，還有耐性與韌性，才能夠變得更善於提出論證與理性推論。雖然這樣做很困難又不總是會成功[8]，論證與理性推論的訓練與練習，可以幫助人認清他們的錯誤，也能夠幫助人避免理性推論中的錯誤[9]。這就是為什麼我們都需要努力學習如何論辯。

PART 2

如何論辯

How to Argue

CHAPTER 6

如何看到論證
How to Spot Arguments

我們似乎時時刻刻都在論辯。人會在許多議題上意見分歧，也讓彼此知道這一點，而且通常會拉大嗓門。另一方面，太少有人為自己的立場提出支持理由。在這種意義上，論證不是很常見，也不夠常見。所以，論證是為數眾多或者鮮少一見？這就看什麼算是一個論證。這一章會探索這個問題。

你會為一個論證付多少錢？

為了理解一個論證是什麼，我們需要從「論證『**不是**什麼』開始問起。有個洞見不凡的哲學家劇團「蒙蒂蟒蛇」（Monty Python）在他們知名的滑稽短劇〈論證診所〉（The Argument Clinic）裡點出了某些主要對比。如果你還沒看過這部短劇或者不記得內容，你應該看看[1]。這是個珠玉之作。

這部短劇開頭是一位顧客走向診所櫃檯人員，說道：「我想買個論證，勞駕。」櫃檯人員回答：「五分鐘的論證要五鎊，但十分鐘課程只要八鎊。」儘管這樣很省錢，顧客還是決定只買五分鐘論證。櫃檯人員接下來需要找診所裡的一位員工來跟這位顧客論辯。她看了一下行程表，然後說：「度巴基先生免費，但他有點太愛安撫別人。」喜歡安撫別人——也就是說容易讓步，有什麼不對？無論如何，櫃檯人員指引客人去找十二號房的巴納德先生。

顧客沿著走廊走去，然後進入第一個房間裡，找到坐在桌子後面的巴納德先生。他很有攻擊性地喊道：「**你想要啥**？」然後叫這個顧客「鼻涕臉的鸚鵡屎堆」，還有「心靈空虛、勢利眼、臭氣薰天的變態」。被惹惱的顧客解釋說，他是為了論證而來的。巴納德先生好聲好氣地回答：「喔！真對不起。這裡是辱罵……你要去12A，就在隔壁間。」

這種愚蠢場面，引進了我們要看的第一個與論證之間的對比。辱罵不是論證。我無法靠著叫你「變態」，就論辯支持我的立場或反對你的立場。為何不行？想來是因為叫你變態，跟給你理由說我為何反對你的立場，並不是同一回事，更不等於有任何理由支持我自己的立場。人有多常忘記這麼簡單的論點，還滿令人訝異的[2]。

往下快轉些，顧客進入了不同的房間，然後史布雷德就敲了他的頭。在顧客做出反應的時候，史布雷德告訴顧客：「不不不，像這樣抱住你的頭，然後喊『哇——』。」然後史布雷德就又打了他一下。結果這個房間是用於「打頭」課程的。這個概念很荒唐，卻揭露了第二個與論證的對比。論證不是身體搏鬥——也不是鬥嘴。論證的目標不是讓對手頭痛（無論手段是重擊他，還是讓他想得很辛苦）。

在顧客終於到正確房間以後，一位叫做震動先生的專業論辯家坐在桌子後面。顧客問道：「這是提供論證的正確房間嗎？」診所人員冷靜地回答：「我告訴過你一次了。」

從這裡開始，氣氛愈來愈火爆。「不，你沒有。」「有，我有。」「幾時？」「就是現在！」「不，你才沒有。」「有，我有。」「沒……」「我告訴你，我有。」「你才沒有。」這個反覆終於中斷了，此時診所職員問道：「這是五分鐘論證，還是整整半小時？」接著顧客領悟到現在什麼狀況了：他已經在論辯了。或者，真的有嗎？顧客跟診所職員繼續輪流說著有、沒有、有、沒有、有、沒有，直到顧客脫口說道：「聽著，這不是論證……這只是彼此矛盾……論證跟矛盾不一樣。」

現在我們有了第三個與論證的對比。矛盾在此意謂者否認，所以教訓是：論證並不只是否認。如果你提出一個主張，我無法光說個「不」就論證反對你的主張。很不幸，又有無數的人忘記這個簡單的教訓。他們認為能夠光靠著否認某人說的話，就反駁此人的主張。他們不能。

為什麼不能？論證裡光是出現一個否認，還少了什麼東西？顧客告訴我們：「論證是個知性過程。矛盾只是自動反駁另一個人說的任何話。」是什麼讓某樣事物顯得知性，我們還不清楚，但有個詮釋是，一個論證需要呈現某種證據或理由，然而單純的否認並沒有呈現任何證據或理由，來反對被否認的主張。光是說某個主張不是真的，並沒有給出任何反對此主張的證據，也沒給出任何理由來說明此主張為假。

所以，這個論點導致顧客下了這個定義：「一個論證是一系列相連的陳述，用來建立一個明確的命題。」對於建立命題的這個指涉，是個很棒的開始，不過還不是很正確。第一個問題是，建立某樣東西，就意謂者把它放在一個穩固的基礎上。然而某些論證並不穩固，甚至並沒打算要穩固。舉例來說，如果我們正在決定要去公園還是博物館，我可能會說：「我們上星期去過公園了，所以也許我們今天應該去博物館。你怎麼想？」我打算給出某個理由，支持我們應該去博物館的命題，但我不需要主張這個理由強到足以建立結論。某些論證太過薄弱，無法確立任何事，卻還是給出了某些理由。

另一個問題是，你無法建立先前就已經建立的東西。要建立一個國家，就是要在它還不存在以前創造它。依此類推，要建立一個結論，想來就是讓閱聽眾相信他們先前並未堅信的事情。然而我們常常以論證支持每個人都已經強烈相信的事情。就想像一下，一位數學家已經證明了畢達哥拉斯定理（直角三角形的斜邊平方等於另外兩邊的平方和）。然後另外一位數學家想到一個比較短、預設也比較少的新證明。兩個證明都是論證，但第二次證明這個定理的目的，不在於說服不相信這個定理的人。每個人都已經相信這個定理了。然而數學家還是可能想用更少的預設與更少的步驟證明這個定理，以便確定它為何為真，還有它的真實性仰賴的是哪個公理或前提。他們的證明目標是解釋這個定理，而不是建立它。在這方面，蒙蒂蟒蛇的定義還不太正確。

論證是什麼？

一個小改變，就足以解決蒙地蟒蛇定義的那些問題。我們只需要用「提出支持理由」來取代「建立」就好。接著，一個論證可以被定義成「一系列相連的陳述，用意在於提出支持一個命題的理由。[3]」理由不需要很強有力或很穩固，而且可以支持我們已經相信的事情，所以這個改變讓薄弱的理由還有畢達哥拉斯定理的證明，都能算是論證。

提出理由的陳述，被稱為**前提**（premises）。指出這些前提應該有個支持理由的命題，被稱為**結論**（conclusions）。因此，我們可以說一個論證就是一系列相連的前提，用意在於提出支持一個結論的理由[4]。

這個定義告訴我們許多關於論證的訊息；它具體說明論證是由什麼樣的**素材**構成的（語言，雖然並不必然是文字或口語）、採取什麼**形式**（前提與結論——可能為真或為假的直述句）、要達到什麼**目的**（提出某種理由）。這個定義因此涵蓋了亞里斯多德要求完整解釋該有的種種面向——素材、形式、目的與起因[5]。

這也告訴我們論證**不是**什麼。我們的定義遵循著蒙蒂蟒蛇定義的腳步，顯示出論證如何不同於謾罵、吵架跟否認。此外，這個定義解釋了為什麼字典跟價格標籤中不包含論證，因為這些東西的用意不在於為任何結論提供理由。

就算在我們期待出現論證的地方，我們也常常會失望。發言者可能花一大堆時間描述一個問題或陳述一個立場，卻沒有用論證支持任何事。許多這樣的例子出現在政治辯論與訪問中。政治家可以扯上多久都不給任何論證，說來令人訝異。記者或其他人問政治家關於當前議題的問題，政治家的回應則在議題外圍兜圈子，接著突然就宣布了他們的立場。他們清楚表達了他們的觀點如何有別於對手的立場，但他們還是沒有用論證支持自己的立場。我們的定義告訴我們，為什麼他們的話語全部湊在一起也不等於一個論證。這是因為他們甚至沒有設法提出任何理由。

論證要達成什麼目的？

理由有許多種類，而我們的定義並沒有具體指出哪些種類的理由是要用在論證中的。然而像這樣的不清不楚，是一種特徵而非弊病。理由的非特殊性概念，讓我們的定義能有足夠彈性，涵蓋各式各樣的論證。

某些論證給出了證成結論中信念的理由。舉例來說，如果你懷疑辛巴威紹納族人以前統治過更大得多的區域，那麼我可以給你看一本關於大辛巴威的書。此書會引用某些已確立事實，這些事實就是某個論證的前提，而這個論證會給你強烈理由相信結論：辛巴威紹納族人的祖先的確曾經統治過更大得多的區域。被引述過的事實，讓你有合理理由相信你先前不信的某個結論。

其他論證則給出證成行動而非信念的理由。舉例來說，如果你正在決定要不要造訪北京，那麼我可以讓你看一本關於紫禁城的書。這本書會有美麗的建築與工藝品的照片，如果你去了北京就可以看到實物。這本書會給你造訪北京的理由。當然，我也可以引述其他事實，像是關於北京空氣汙染的事實，給你理由不去北京，或者也可能讓你有理由在八月而非十二月去北京。這些行動理由，也能夠以論證來呈現。

重點是，這兩種證成方式都不同於僅只是說服。想像一下，我如果讓你看一本紫禁城照片集，並且以某種方式說服你相信那是辛巴威的某個紀念遺跡，稱為大辛巴威，藉此騙你相信辛巴威紹納族祖先曾經統治更大得多的區域。我並沒有設法給出任何真正的理由，但我是在嘗試提出你會視為理由的東西。如果你被騙得相信這個結論，那我確實就說服了你，但我並沒有證成你的信念（雖然該信念本身為真），因為你的信念基礎是錯的，這些錯誤沒辦法當成真正的理由，去支持你相信的結論。因此，說服是另一種論證目的，有別於對信念或行動的證成。

然而還有另外一種理由，是解釋為什麼某件事會發生——這種理由解釋了現象，而不是證成對於這些現象的信念。就假想你造訪日本的福島核電廠，看到廢墟中的核電廠。你知道核電廠被毀了。你看得出來。但你還是納悶是什麼毀了它。眾所周知的解釋是，核電廠毀於一場海嘯。這個解釋可以寫成一個簡單的論證：「這座發電廠被海嘯襲擊。任何發電廠被海嘯襲擊都會被毀。這個發電廠為何（還有如何）被毀的原因在此。」這個論證給你理由，說明它為何被毀，雖然你已經相信它被毀了。這個論證**解釋**了現象，卻沒有**證成**對於這個現象的信念。

我們的定義容許論證給出這些種類中任何一種的理由，這是個問題嗎？不，不盡然。相反地，我們的定義涵蓋這麼多種理由是一種優點，因為論證可以被用來給出所有這些不同種類的理由。就像理由可以證成信念或行動或者解釋現象，論證也能。論證可以被定義成呈現理由，因為理由這個概念的模糊性（更精確的說法是非特定性），符合論證在目的上的多樣性。

什麼時候會有人給出論證？

你可能會想，好，論證可以呈現理由。但那仍然沒有告訴我們，如何確認論證何時出現。我們如何能夠分辨發言者何時在論辯，何時不是？我們只需要弄清楚他們何時在呈現理由就好。但我們能怎麼決定這件事？

這通常簡單得驚人，因為發言者會用特殊詞彙來標記出論證與理由。想像一下，有人只說了這樣的話：

馬可波羅打開一條從歐洲到中國的商道。
互有商業交易的國家會相互影響。
在中國發生的事也會影響歐洲。

到目前為止，這只是三句話或者三個命題的列表。光是加上「所以」二字，我們就可以把這個列表轉換成一個論證。

馬可波羅打開一條從歐洲到中國的商道。
互有商業交易的國家會相互影響。
所以，在中國發生的事也會影響歐洲。

「所以」二字指出前兩個命題被呈現為最後一個命題的理由，從而標示出這份列表是一個論證。我們可以用別的字詞來達成相同的目的：

因為馬可波羅打開一條從歐洲到中國的商道，
互有商業交易的國家會相互影響，
在中國發生的事也會影響歐洲。

透過這種方式，像是「所以」與「因為」這樣的字詞，標示出有個論證被提出了，所以我們會稱呼這些詞語是**論證標記**（argument marker）。有時候論證標記後面的句子是前提或理由，而我們可以稱呼那些字詞為**理由標記**（reason marker）或**前提標記**（premise marker）。在其他狀況下，論證標記後面的句子是結論，我們可以稱呼這些字詞為**結論標記**（conclusion marker）。在我們的例子裡，「所以」這個詞彙是結論標記，「因為」則是理由標記。當然，還有更多的結論標記，其中包括「因此」（therefore）、「如此」（thus）、「據此」（accordingly）、「這顯示出／建立了／證明了／提供證據」（which shows/establishes/proves/is evidence that）等等。也有更多的理由標記，其中包括：「既然」（since）、「因為」（for）、「可以藉著事實顯示／確立／證明……」（which can be shown/established/proven by the fact that）等等。所有這些詞彙與其他類似詞彙，都指出論證就在不遠處。

這一步很驚人。加上一個小小詞彙，可以奇蹟般地把僅僅一張詞句列表變成一個論證。「現在在下雨，而我帶著一把傘」不是個論證，但「現在在下雨，而**這就**是為什麼我會帶著一把傘」就是了，就像「現在在下雨，因為我帶著一把傘」也是。當然，第二個論證糟透了，因為我帶著一把傘不可能解釋為何現在在下雨。不過就算這論證很差，也還是個論證。

發言者是否正在提出論證是很重要的，因為這樣改變了發言者在做的是哪種批評。如果我說「紅紅長得矮，**這顯示出**她不是個好足球選手」，那我就是提出了一個論證，如果這論證很差，是可以被批評的——也就是說，如果個子矮不是一個夠強的理由，不足以說明為什麼某人不擅長足球。相較之下，假設我只說「紅紅長得矮，**而且**她不是個好足球選手」，現在我就只是提出這兩句斷言，卻沒有聲稱兩句話之間有任何關係。我並不是從一句話論證到另一句話，或者主張其中一句是另一句的理由。因此，如果這個論證很糟，也不能批評我。這就是為什麼發言者是否在提出論證是很重要的。

因為此事很重要，我們需要審慎小心。論證標記能指出有論證出現——但並不總是能夠如此。我們無法光看那些字詞來判斷。我們需要思考這些詞彙在脈絡下的意義。我最喜歡的音樂專輯之一是約翰・哈特福德（John Hartford）的《航空平原》（*Aereo-Plain*）。其中一首歌開頭如下：「因為你，每次我用約德爾調唱歌時都閉上眼睛，所以現在也該如此。」在此「所以」並不是用來當成一個論證標記。如果是，那我們就能分辨出哪個聲明是前提、哪個是結論；但在「所以現在也該如此」這句話裡，並沒有前提或結論。

另一個跡象是，我們無法用另一個不同的論證標記來取代這個「所以」；代換成「……因此現在也該如此」是不合理的。這裡的這個子句，反而只意謂著「現在就會是這樣」。

「因為」又如何？在此有個結論：「每次我用約德爾調唱歌時都閉上眼睛」。但前提是什麼？「你」這個字眼既不是前提也不是理由。此外，我們無法用另一個論證標記取而代之；改成說「既然你……」，這句話沒有意義。所以他可能也沒把「因為」當成論證標記來用。無論如何，我們無法光是因為他用上了「因為」這個詞，就穩當地假定他給出了一個論證，就好像我們也不能只因為他用了「所以」這個詞，就假定他給出了一個論證。我們需要看到字面形式以外的東西，然後思考這些字詞是什麼意思，還有這些字詞怎麼樣搭進文字脈絡中，以便決定發言者是否打算提出支持某個結論的某種論證。有一個有用的測試（我們才剛看過應用實況），就是設法用其他論證標記，來取代我們不確定的那個詞彙。

提出一個論證時，可以完全沒有任何論證標記。有時候論證標記是假定有的，而不是確實說出來的。說實話，有時候甚至連結論都不是公開宣布的，只是暗示出來。舉例來說，南韓前總統朴槿惠因為做肉毒桿菌注射美容而被批評。她的其中一位支持者金九子（Kim Ku-ja，音譯）回應：「一個女人打肉毒桿菌有什麼不對？這為什麼會成問題？[6]」金九子口頭上的問句顯然暗示，她相信這樣做沒什麼不對，接受肉毒桿菌注射毫無問題。她暗示的是這個論證：「打肉毒桿菌沒有錯。人不該批評沒做錯事的人。所以，大家不該批評朴槿惠接受肉毒桿菌注射。」雖然如此，金九子並沒有實際上主張任何前提或結論。她只是問了問題，而問題不可能成為論證中的前提或結論（因為問題不是直述句）。因此，金九子實際上沒有主張任何論證——她只是間接暗示了一個。

像這樣暗示出來的論證，展現出我們為何需要仔細思考一位發言者是否提出了一個論證，也要仔細思考他們提出的是什麼論證。我們的定義可以引導這個調查，帶領我們去問發言者是否有意提出任何一種理由，但在某些狀況下，答案仍然會不清不楚。在我們不確定發言者是否打算提供論證的時候，我們還是可以問那個論證會是什麼，還有那論證是否有任何優點。畢竟重點在於是否有理由支持結論。

CHAPTER 7

如何停止論證
How to Stop Arguments

論證一旦開始，就很難停下來。這個真理並不意謂者我們很難制止吵架。我們已經看到論證不是吵架。這裡的問題，反而在於一個論證需要前提。為什麼我們要相信論證的前提呢？為了證成這個前提，我們還需要另一個論證。但接下來這第二個論證也有自己的前提，需要被進一步的論證證成，而這個論證本身又有自己的前提，這些前提也需要被另一個論證證成，如此繼續，無窮無盡。這個無限後退，展現出論證一開始就很難停下來的另一種方式。某些懷疑論者因此感到納悶：除了已經塞進前提裡的事物以外，論證是否真能達成什麼別的目標。這一章會討論迎向這種挑戰的某些方式。

我們能夠很快就停下來嗎？

要看出問題，請想像我相信《榮耀之役》（*Lagaan*）是關於印度的賦稅與板球的電影。（這是一部很棒的電影，你應該看看。）我的信念是真的，但有合理理由證成嗎？光是「我相信這件事」的事實，並不能證明我有合理理由相信此事。畢竟許多人都在沒有任何證成理據的狀況下，相信各種愚蠢的主張[1]。而且，我的主張為真的事實，也無法證成我相信此事是有道理的，因為我可能是毫無理由或者為了很蠢的理由相信此事。我們至少需要某種像樣的證成過程、理由或證據，才能證明信念合理。對我來說，證成我信念的一個方式，就是看這部電影，好讓我自己親眼得到視覺上的證據。就算我先前從沒看過這部電影，藉著描述電影情節的一篇影評，我也可能變得有理由相信我的主張。然而，如果我從沒看過這部片，也從沒聽過或讀過關於此片的任何報告，那麼就很難看出我如何能夠有正當理由，相信《榮耀之役》談的是印度賦稅與板球。

如果我確實有證據，那麼我就可以把證據轉化成論證的形式。如果我的信念是奠基於個人經驗，那麼我的論證可能會簡單到像這樣：「我看過《榮耀之役》。我可以看出並且聽到這是關於印度賦稅與板球的電影。在我看跟聽的時候，可以確認其中有稅務、板球與印度。所以，《榮耀之役》是關於印度賦稅與板球的電影。」或者，如果我沒看過電影，卻讀到過關於此片的事，那我可以這樣論證：「維基百科上報導，《榮耀之役》是關於印度賦稅與板球的故事。維基百科通常會把這樣的事實弄對。所以，《榮耀之役》是關於印度賦稅與板球的故事。」不論以哪種方式，只因為我有可以置入這個或那個論證裡的資訊（雖然我可能不需要明確架構出任何論證），我就有合理理由相信《榮耀之役》是關於印度賦稅與板球的故事。如果我沒有足夠證據支持任何種類的任何論證，那麼我就不可能有合理理由相信《榮耀之役》是關於印度賦稅與板球的故事。

當然，在這些論證之中，每一個都有能夠被質疑的前提。我訴諸個人經驗，預設了我可以分辨板球與其他運動的差別，而且我沒有誤聽或記錯電影裡說了什麼。然而我需要某個理由來假定我能可靠地辨識出板球，因為《榮耀之役》可能是關於某種我從沒聽說過，卻看起來極像是板球的運動。我也需要理由假定我能夠分辨這電影是關於印度，而不是（比方說）關於巴基斯坦、孟加拉或斯里蘭卡，因為邊境有過改變，而我並不是那片世界區域的專家。而且，我需要某些理由才能假定我的聽力與記憶在這個例子裡是可靠的，因為我有時候會誤解別人說了什麼，我的記憶也不是完美無瑕的。因此我需要好幾個理由，來補強我原來那個論證的假設。這樣做需要有自帶前提的其他論證，像是我看過這部電影好幾次，這片子常常提到賦稅、板球跟印度，而在有這種重複的狀況下，我鮮少弄錯。然而這些前提還是能夠被質疑，也還需要另一個論證才能證成這些前提，如此繼續推衍下去。如果這種後退永無止盡，就很難看出我怎麼可能有合理理由相信《榮耀之役》是關於印度賦稅與板球的故事。這樣的結果讓人吃驚，又令人不快。

根據哲學懷疑論者的說法，這個問題可推廣擴及所有信念[2]。他們假定每個前提都需要由某種證據來證成，而證據總是可以被放進某種論證之中；每個論證都需要前提，而且除非論證前提都得到證成，這個論證就不能達到它的結論。這些看似為真的原則，一起產生了一個無限後退：前提需要證成，證成需要更多前提，這些前提又需要更多證成，這些證成又需要更多前提，這些前提又需要更多證成，如此一直延續不斷。如果無法逃離這種後退，那怎麼可能有任何人有合理理由相信任何事？

要是我們無法停止論辯呢？

此處的挑戰是要顯示（1）任一主張如何能夠在沒有任何證據的狀況下被證成；（2）如何能夠用無法置入論證形式的證據，來證成一個主張；或者（3）一個論證如何能夠訴諸於自身未得到證成的前提，來證成其結論。這個挑戰是否能夠被解決，而如果能被解決又要怎麼解決，哲學家已經為此爭辯了好幾個世紀。我個人很懷疑這個後退問題會有任何普遍性的理論解決方法[3]。所以從某種程度上說，懷疑論者是對的：沒有任何信念，以他們要求達到的程度與方式被證成過。

所以這證明了什麼？某些人做出結論：論證永遠不可能達成任何事情。就我看來，他們太快就跳到這個強烈的結論了。我反而會認為，這種後退只證明懷疑主義源於過多的要求。要避開懷疑主義，我們只需要調節我們的欲望、希望與標準[4]。我們需要學會跟我們能夠達成的成就共存，就算那不盡然是懷疑論者可能期待的。

除非一個論證排除了每一種相反的可能性，並且說服了每個人，懷疑論者是不會滿足的。這就是為什麼他們永遠不滿意。總是有某個選項是我們無法排除的。舉例來說，你可能很確定你知道自己的名字，但你怎麼能夠排除這種可能性：在你出生後不久，醫院把你跟有不同名字的另一個嬰兒對調了[5]？你可能拒絕認真看待這個選項，但你的拒絕卻沒有證明這是假的。儘管如此，藉著排除我們跟我們的閱聽眾無法認真看待的其他選項，我們還是能夠完成很多事情。

我們需要說服每個人相信嗎？不。畢竟有某些人受錯覺迷惑，而他們可能拒絕我們的前提或者不肯聽我們說。這麼無可動搖的人比我們想像中來得少。儘管如此，我們無法打動每個人，這樣沒什麼不好。

訴諸於某些人不接受、但大多數人接受的前提，我們可以成就許多事；如果我們嘗試打動的閱聽眾就在接受我們前提的那些人之中，就更是如此。每個論證都需要瞄準對該論證保持開放態度的閱聽眾，才能夠成功。

為了闡明怎麼樣在政治論證中限制我們的目標，且讓我們用簡化而人為的方式，把政治光譜分成三等份。最靠左的三分之一，可能會質疑任何支持保守派政策論證的某個前提。反過來說，最靠右的三分之一，可能會質疑任何支持自由派政策論證的某個前提。這些極端派就算是花時間去聽來自另一端的任何論證，都不會被打動。但儘管有這些限制，瞄準政治光譜中間那三分之一的論證，還是可以達成中庸目標。

這中間的三分之一更願意聆聽並且設法理解我們，而且不會拒絕常識性質的假設。一項最近的研究[6]發現，在氣候變遷辯論中分處兩極立場的人，更新自身觀點時只會採納支持他們立場的資訊，而不會採納與自身立場衝突的資訊。這是壞消息。好消息是，同一辯論的中庸派會按照來自兩極的資訊，來修正他們的觀點。他們會回應所有種類的證據。如果這個趨勢在其他辯論中也會重複，那麼靠著使用三分之一中庸派接受的前提，就算某些極端分子不接受這些前提，還是有一些論證可以打動中庸派。而打動中庸的三分之一，通常就足夠動搖一場選舉（如果我們運氣好），所以這群中庸派閱聽眾很重要。以這種方式，論證通常可以達成重要的實際目標——即使這些實際目標有其限制，而且對於懷疑論式後退帶來的挑戰，我們沒有普遍通用的理論性回應。

我們能夠如何停止論辯？

我們還需要想清楚，要怎麼樣以一批限定閱聽眾不會拒絕的前提來打動他們。換句話說，我們需要在真實生活中能阻止無限後退的東西。幸運的是，我們的語言已經為這種目的提供了工具。無限後退阻擋工具分成四大主要範疇：防衛（guarding）、擔保（assuring）、評估（evaluating）與貶值（discounting）。這些詞彙組提供了處置潛在反駁意見的不同方式。

防衛

我們阻止後退的第一個方式，是弱化前提。要明白這是怎麼運作的，請先想像你自己在一片低窪區有棟房子。一個來訪的保險代理人論辯說：「你應該買一份洪水險保單，因為所有低窪地區的房子都是被洪水沖毀的。」這個論證很容易反駁，因為前提是錯的：並不是所有低窪地區的房子都毀於洪水；有些房子撐得住。要防範這樣的反駁，保險代理人可以重述前提：某些低窪地區的房子是被洪水沖毀的。現在這個做過防衛的前提為真，但這個論證碰上了另一個問題：它的前提太弱了，不足以支持結論。如果低窪地區只有百萬分之一的房子被洪水沖毀，就不足以證成要花錢買洪水險。保險代理人需要的是在太強而難以辯護的前提（「所有」），與太弱而支持不了結論的前提（「某些」）之間取其中道。這裡有個介於中間的可能性：許多在低窪地區的房子是被洪水沖毀的。這個前提看來既是真的，又強到足以提供買洪水險的理由。當然，「許多」這個詞彙太含糊，無法具體指出這個理由有多強（這影響到你應該花多少錢在洪水險上）。儘管如此，從「所有」到「許多」的這一步移動，避開了某些初步的反駁，因此改善了這個論證。

承認不確定性也可以達成相同目標。保險代理人可以不主張你家肯定會被洪水沖毀，反而這麼說：「你應該買張洪水險保單，因為你家可能會被洪水沖毀。」然而有某種可能性會鬧洪水的事實，幾乎不足以證成該買洪水險。如果這樣的理由就足夠，那我們也必須買隕石險了，因為任何房子都有**可能**被隕石砸毀。一個堅持不懈的保險代理人可以嘗試這種前提：「你家有**顯著機率**會被洪水沖毀。」「顯著」一詞的模糊性會引起問題，但至少讓這個前提比較容易辯護，又還強到足以提供某種支持結論的理由。

這些簡單的例子，闡明了防衛用語（guarding terms）是怎麼運作的。把前提從「所有」改成「許多」（或「大多數」）或者「某些」，或者從「肯定是」改成「可能是」或「有顯著機率」（或「頗有可能」或「很可能」），是要防衛前提。防衛前提的其他方式，包括了自我描述（self-description），就像在「我相信（或者「認為」、「懷疑」或「就怕」）你家會被洪水沖毀」這句話裡的說法，因為要反駁我對於自身心理狀態的主張，等於否認發言者相信他自稱相信的事。我們怎麼能否認**這一點**呢？所有這樣的防衛用語，目的都在於讓前提面對反駁時不那麼脆弱，從而把不好的論證變成比較好的論證，並且阻止理由的後退。

防衛用語儘管有用，卻可能被誤用。一個常見的把戲是引進一個防衛用語，但接著就撤掉。一個保險代理人可能會論證：「一場洪水可能會毀掉你家。這樣會很恐怖。就想想你珍惜的財物吧。你的家人可能收到大量醫療帳單，你找到新房子以前還得住在別處。在這種狀況下，我們的洪水險保單會給付所有的開銷。這些花費加起來遠高過洪水險的價錢了。所以洪水險是很划算的交易。」這裡發生的是什麼狀況？到最後，保險代理人把一場洪水沖毀你家的花費，跟洪水險的價格相比了。如果你家實際上被洪水沖毀了，這種比較是有相關性。然而一開始的前提，主張的只是一場洪水**可能**會毀掉你家。如果洪水只有很微小的機率會沖毀你家，那麼這種毀滅的代價就必須是洪水險價格的好幾倍，才能夠讓保險值得那筆代價。靠著丟出防衛用語，保險代理人設法要隱藏這個明顯的重點。請小心提防這種把戲。

另一招是完全省略量詞。人常常會說類似這樣的話：「低窪地區的房子會被洪水沖毀。」這指的是所有、某些、很多還是大多數房子呢？如果這指的是**所有**房子，那麼這句話就是假的。如果這意思只是某些房子，那就是真的，但不足以支持買保險。如果這指的是許多房子，那就很含糊。到底是哪個意思？直到我們更精確理解到這個前提到底主張了什麼以前，我們無法決定從這句話發展出來的論證是否奏效。在有人設法玩這套把戲的時候，你的最佳回應通常是：「你指的是全部、某些、許多還是大多數？」

讓我們把這個教訓應用到一個爭議性的政治實例上。在二〇一七年初，美國停止發簽證給六個穆斯林占大多數的國家：伊朗、利比亞、索馬利亞、蘇丹、敘利亞跟葉門。雖然這個國家清單後來在二〇一七年有修正，我們還是來問問哪種論證可以支持原本的旅遊禁令。

有個常見前提很簡單：穆斯林是恐怖分子。但這到底是什麼意思呢？在我們具體指出這句話指涉到的是所有、某些、許多或大多數穆斯林以前，這個前提太過含糊而無法評估。第一種可能性建議的是下面這個論證：「所有穆斯林都是恐怖分子。來自這六個國家的每個人都是穆斯林。所以，來自這些國家的每個人都是恐怖分子。」這個論證顯然太糟了，沒有人會這樣提。就連最堅定的禁令辯護者也明白，這些國家裡有些人不是穆斯林，而來自這些國家的大部分穆斯林（還有大多數簽證申請者）不是恐怖分子。

我們能夠怎麼樣用防衛用語來修正這個論證？有一條路是弱化前提，從「所有穆斯林都是恐怖分子」變成「某些穆斯林是恐怖分子」。比起主張所有穆斯林都是恐怖分子，這個前提比較容易辯護。然而現在這個前提太弱，支撐不了結論。如果我們以「某些穆斯林是恐怖分子」來開始這個論證，那麼這個前提不足以支持禁止這些國家**所有**人入境的禁令。我們能夠如何證成禁止某些非恐怖分子的政治難民入境，就只因為他們剛好住在另外一些人是恐怖分子的國家裡？對於一個針對整個國家的禁令，我們需要更多證成理由，所以這個前提被防衛過度了。

就跟保險的例子一樣，在強到難以防禦跟弱到無法證成結論的前提之間，我們需要的是一條中庸之道。「許多穆斯林是恐怖分子」怎麼樣？這個前提是否強到足夠支持禁止這些國家的所有人來訪？我看不出要如何做到。一個簡單的理由是，就算許多穆斯林是恐怖分子，「沒有任何恐怖分子是來自這六個國家」也還是可能為真。所以至少我們需要一個像是「這些國家中的每一國，都有許多穆斯林是恐怖分子」這樣的前提。現在這樣夠強嗎？還不夠強，這有一部分是因為「許多」這個詞彙太過含糊了。一萬個恐怖分子是許多恐怖分子。但話說回來，如果一個國家裡有一千萬人，其中一萬個是恐怖分子，那表示這個國家裡有許多人是恐怖分子，雖然一千人中只有一個是。如果我們根據「許多人」是恐怖分子的立場，對每個人都拒發簽證，那麼我們就是為了一個真的恐怖分子，拒絕了九百九十九個非恐怖分子。

也許另一種防衛用語會奏效。來自這些國家中任何一國的每個簽證申請者，都**可能**會是恐怖分子，這話是真的。然而同樣為真的是，來自任何國家的任何人都可能是個恐怖分子。某種可能性總是存在的，所以一個帶有防衛用語「可能」的前提，在證成針對這些國家的禁令時，就會同時證成針對所有其他國家的禁令。接著，旅行禁令的辯護者可以嘗試這個前提：「來自這些國家中任何一國的任何簽證申請者，有顯著可能性（或者太高的可能性）是恐怖分子。」然而某些簽證申請者有證據證明他們是要逃離恐怖主義，所以這些特定申請者為何會有顯著可能性是恐怖分子，並不清楚。但這樣說來，這個被防衛過的前提似乎是假的。

因此，很難看出以這些方式防衛，怎麼能夠挽救這個論證。說真的，這個論證如此可疑的事實，應該就會讓我們感到疑惑，旅行禁令支持者心裡真正想的是不是這個論證。如果我們想要取笑他們，我們可能就把這種話塞到他們嘴裡了。但如果我們真的想理解他們的立場，那麼我們就需要嘗試從他們的觀點來看這個議題。

他們心裡想的可能是什麼別的論證呢？先問問這六個國家為何被挑出來，可以提供一個答案。這不可能只是因為這些國家大多數人口是穆斯林，因為有許多穆斯林佔多數的其他國家並不在名單上。（兩個穆斯林並不佔大多數的國家——北韓與委內瑞拉——後來在二〇一七年也被加入禁令名單。）禁令辯護者反而主張，這些國家的政府很軟弱、腐敗而混亂，讓恐怖分子很容易取得假造文件。少了值得信賴的證據，邊防官員無法分辨來自這些國家的哪些簽證申請者是恐怖分子。就算這些申請者中一千個只有一個是恐怖分子，我們沒有可靠方式分辨哪些人才是，發簽證給他們任何一人就都很危險。這樣是不是太危險是另一個議題，但沒有妥當安全證據就發出簽證，肯定有些危險。如果這就是問題所在，那麼防衛前提的時候，就沒有需要從「所有」更動到「某些」或「許多」，或者從「肯定是」改成「可能是」了。此處的議題不在於恐怖分子的數量，或者某個特定事例的機率，而是哪些簽證申請者是恐怖分子的相關資訊不可靠。對於可以取得的證據缺乏信賴，解釋了為什麼禁令辯護者想要在所有可疑案例裡做極端審查，並且在政治環境讓極端審查不安全或不可能的時候，完全禁止入境。

當然，我並不是在明言或暗示這個論證很好或很差。評估是不同的任務，要留給後面幾章，而對於特定案例，我們需要詳細的事實資訊。在此我只是試著確定旅行禁令背後是哪個論證，這樣我才能理解為何善良講理的人會支持禁令，並且體會他們的理由、從他們身上學習，還有搞清楚怎麼樣跟他們妥協。我懷疑，至少某些禁令支持者心中所想的，是類似這樣關於可信賴來源的論證，不過其他禁令支持者心裡想的，可能是非常不同的論證。若是如此，那麼我們就需要搞清楚其他論證是什麼，然後設法從中學習、與之合作。

擔保

阻止問題與反駁的第二種方法，直接處理了信任的議題。假定你很想知道沙利夫是否喜歡你，而我想說服你相信他確實喜歡，我可能會說：「我向你擔保他很喜歡你。」對你來說，回答「你的擔保沒啥用，因為我不信任你」會很無禮，或者至少會讓你不自在。因此我的擔保讓你不至於反對我說的話。但請注意，我並沒有給出任何特定理由或證據，來支持沙利夫喜歡你的主張。我並沒有說，他告訴我說他喜歡你，我剛好聽到他稱讚你，或者看到他做出像是喜歡你的行為，或者有位共同朋友回報說沙利夫有前述行為。在我說「我向你擔保他喜歡你」的時候，我指的是我有某種理由向你擔保，但我沒有公開具體指出那個理由是什麼。因此，你沒有特定理由反對。我也避免說這個理由有多強，還有消息來源有多值得信賴。具體闡述的事情這麼少，我的主張或前提變得比較不好反駁，又更容易辯護。擔保就是這樣阻止論證並且避免後退。

與其說「我向你擔保」，我可以說「我確定」或者「當然了」、「我很篤定」或「肯定是」、「我毫無疑問」、「毋庸置疑」、「這沒有問題」或「毫無疑問的是」、「很明顯的是」、「肯定是」、「絕對是」、「事實上是」等等。所有這樣的擔保用語，都指出有理由支持某項主張，卻沒有具體指出那個理由是什麼。這些用語藉此避免閱聽眾要求更多證成這個主張的理由。

擔保在許多例子裡完全沒問題。某些前提真的很明顯，而有時候反對者同意某些前提，也同意某些資訊來源的可靠性。指出有證據與專家支持某個主張，但在深入細節毫無意義或模糊焦點的狀況下，不具體指出任何特定的證據或專家，是合理的做法。做擔保可以節省時間。

擔保用語儘管有這些合理使用，也可能被誤用。一個常見的招數是**濫用擔保**。人常常像這樣訴求過度：「你瞎了眼睛才看不出這個……」、「每個稍有見識的人都知道……」或者（往反方向）「只有天真的傻瓜才會被哄騙到這樣異想天開……」每當有人轉向這種濫用性質的擔保，你就應該納悶為什麼他們採用這種狗急跳牆的粗魯說法，而不是提出證據支持他們的主張。

另一個花招，是暗指某個你知道你的閱聽眾會排拒的消息來源（權威或證據），卻不承認你仰賴的是這個可疑來源。本身就有爭議的理由無法解決爭議。想像一下，一個自由派人士看一個自由派新聞節目（像是美國的MSNBC電視台），然後說「當然啦，總統跟我們的敵人共謀」或者「任何有在注意新聞的人都知道這點」。這些擔保用語並沒有明確提到特定的新聞來源，所以保守派反對者無法藉由批評這種主張的具體來源，來反駁這種主張。同樣的論點也適用於一個看保守派新聞（像是福斯新聞網）的保守派，他說：「只有看假新聞（或主流媒體）的傻瓜會指控總統通敵。」在雙方都用了擔保用語來指涉反對者不接受的新聞來源時，這些擔保用語讓兩邊的理由噤聲，因為沒有任何一方可以討論不知名來源的可靠性。這樣的擔保用語阻止了論辯，卻阻止得太早了。

且讓我們把這些教訓運用在前面討論過的美國旅遊禁令上。想像一位來自索馬利亞或葉門的簽證申請者說：「我向你擔保我不是恐怖分子。」一個專發簽證的官員有理由懷疑這種擔保，因為這正是一位恐怖分子會說的話。但接著假設有個觀察者（或許是另一個官員或簽證申請者）說：「毫無疑問，她只是設法要逃離戰爭與恐怖主義。」一個簽證官員可能信任這位觀察者，但規定可能還是要求有可靠的憑證。就算這個觀察者提出擔保，「有相當多證據顯示這個簽證申請者是安全的」，這位官員在他的職權範圍內，還是很有理由要求看這個證據。接著假設這個簽證申請者拿出了看似官方文件的東西。現在另一邊可以訴諸擔保。官員可能回答：「這份文件**顯然**不可靠。我們**知道**像這樣的文件在該國街頭是可以買賣的，**毫無疑問**恐怖分子買了這些文件。」這些擔保提出某種理由拒絕這次的簽證申請，雖然他們並沒有說為什麼這種不可靠是很明顯的，或者為什麼這名官員知道買賣的事，又毫無疑問地認為恐怖分子買下了假文件。這種非特定性，讓簽證申請者沒有辦法回應官方的懷疑論調。

問題在於擔保只在有信任的脈絡下有效。如果你告訴我你很確定，而且我信任你，那麼我可能不需要問你為何確定，就會同意你。但如果我不信任你，那麼你很有信心或很確定的擔保，就動搖不了我。極化通常會造就出這種缺乏信賴的狀況，所以這損害了許多分享理由的嘗試，從而又滋生出更嚴重的極化。

評估

制止論證的第三種方式，是使用評價性或規範性（normative）的語言。對於「好」「壞」這種評價用語，還有「對」「錯」這種規範用語的意義，哲學家之間角力了好幾世紀。我不會在此嘗試描述或者加入這些普遍性辯論裡。我只會設法顯示評價性語言如何以跟擔保差不多的方式，幫助停止論證。

有個可敬的傳統指出，說某樣東西好，等於說它符合相關的標準[7]。一顆蘋果在又脆又美味的時候就是好的。一輛車在空間大又高效能（還有漂亮、反應快、不貴等等）的時候就是好的。好蘋果的標準，跟好車的標準非常不一樣，但在各自符合同類事物相關標準的時候，就是好的。同樣地，說某樣東西壞，就是說它沒達到相關標準。壞蘋果爛糊糊或者平淡無味，而狹窄、又慢又耗油的就是壞車。

「好」與「壞」這種詞彙可以應用在幾乎任何事物上，但其他評價用語則更專門。一筆划算交易有個好價錢。一幅美麗的畫看起來很好。一個動聽好記的調子有個好旋律。一個有勇氣的人能好好面對危險。一個誠實的人在說實話是好事的時候，就會說實話（但在保持沉默更好時就會沉默）。這樣的詞彙是評價性的，因為如果不指涉到什麼是「好」、並且因此提到某些相關標準，這些詞彙就無法得到適當的解釋或定義。

發言者通常會使用評價用語，甚至在這些詞彙本身並沒有評價性的時候也用。如果我說我的孩子死了，我肯定把這個死亡評價為壞的，但我明確說出來的話，就只有這個死亡事件發生了。我沒有公開說這是壞的，而我可以定義出何時有死亡事件發生，卻不在同時暗示這個死亡是壞的。因此，死亡雖然是壞的，「死亡」這個詞彙本身卻不是評價用語。同樣地，稱呼某人是「自由派」，這本身不是評價用語，雖然有時候保守派會在批評對手時稱呼他們自由派。自由派很自豪於身為自由派，所以他們不會把這個詞彙看成是負面評價。所以稱呼某人自由派，只是描述這個人的政治觀點，並不是在說這個人達到或沒達到任何評價性或規範性的標準。因此，像是「自由派」與「保守派」這樣的詞彙，並不是本質上就是評價性的。

讓我們把這個論點應用在先前關於美國旅行禁令的例子上。禁令的辯護者會說，把簽證發給伊朗、利比亞、索馬利亞、蘇丹、敘利亞跟葉門的國民是很危險的。說這樣很危險是什麼意思？這似乎暗示說這樣風險太大了。但是什麼讓這件事風險**太大**，而不只是有風險？這看來意謂者風險超過可接受的程度。訴諸於標準，顯示出為何「危險」這個詞彙指出了一種隱藏的評價。同樣的道理也可以用在同一辯論的另一方。旅行禁令的反對者論證說，發簽證給來自這六國的某些申請者是安全的。他們的意思是說，這完全不造成任何風險嗎？這顯然不怎麼可能為真，所以他們不太可能是這個意思。他們的意思反而可能是，發出這些簽證符合可接受風險的標準。這樣做風險不會**太大**。因此，從相關標準的角度來理解這些主張，澄清了問題所在。意見不同之處，在於發出簽證會造就出多少風險，以及可以接受多少風險。以這種方式定位這個辯論，當然不會解決爭議，卻有助於讓兩邊都能欣賞另一邊。

現在我們可以看出評價性語言如何能夠阻止懷疑論式的後退。請回想一下，擔保用語主張有某種理由，卻沒有具體指出任何特定理由，從而避免針對任何特定理由的反對意見。評價也是以類似方式起作用。辯論中的一方說某樣東西是好的，這時他們說此事物符合相關標準。然而他們並沒有具體指出那些標準是什麼。就算在他們用了一個很重的詞彙——像是他們說一個政策「安全」或「危險」——的時候，他們都定下了一種普遍性標準，但還是沒有精確指出那個標準的要求是什麼。這種模糊性讓反對者更難反駁，因為他們不知道要反駁哪個標準。此外，評估性語言可能在標準非常不一樣的人之間，造就出同盟關係。你跟我可以一致同意，通往我們目的地的某條路徑是好的，就算你說這條路好是因為路很短，我卻是因為這條路風景漂亮才說它好。你跟我可能同意我們之間吵了架會是壞事，即使你說這不好是因為這樣對你不好，而我說這不好是因為這樣對我不好。因此，我們可能同意一個論證裡的評價性前提，即使我們是基於很不一樣的標準而接受這些前提。這種共識可以排除任何尋求進一步證成這些前提的需要，所以能夠提供論證的共同起點。

貶值

第四個也是最後一個處置反對意見的方式，是事先預期並解除這些意見的危險性。對你自己的立場提出新的反駁，看起來可能很怪。你是在設法反駁你自己嗎？然而，如果你陳述了一個反對意見，並且搶在你的對手前面加以回應，那麼你就有辦法用你想要的方式，有條理地闡述這個反對意見，而不是用他們偏愛的方式為之。你也會讓你的對手不太情願反對你的前提，因為你已經處理過這個議題了，他們隨後的反駁會顯得累贅。而你得以讓反對意見貶值——也就是說出為何你認為這無傷大雅。這個策略有時候可能對讓論辯告終。

這些功能是靠著貶值用語執行的。日常生活中到處都是簡單的例子。對照這兩句話：

（1）拉蒙娜很聰明卻很無趣。

（2）拉蒙娜很無趣卻很聰明。

差別很細微卻很關鍵：說（1）的人可能**不想**花時間跟拉蒙娜相處，因為她很無聊。相對而言，說（2）的人可能**確實想**花時間跟拉蒙娜相處，因為她很聰明。在「卻」這個字之前或之後出現的詞彙，造就出所有的不同。

這個不對稱之所以會出現，是因為這兩句話都做出三個主張。首先，（1）跟（2）兩者都意謂者拉蒙娜既聰明又無趣。在這方面，「卻」很像「以及」，雖然「卻」加上了更多東西。其次，像「卻」這種貶值用語，也暗示了兩個主張之間的衝突或緊張。我可以說拉蒙娜又壯又高，但說拉蒙娜很壯卻很高就聽起來很怪，因為強壯跟高之間並沒有衝突。相對來說，聰明跟無趣之間有某種衝突或緊張，因為「她聰明」是花時間跟拉蒙娜相處的理由，然而「她無趣」卻是不花時間跟拉蒙娜相處的理由。第三，有貶值用語的句子也指出衝突中的哪一邊比較占上風。「卻」這個字，意謂者「卻」字後面的主張比「卻」字前面的主張更重要。這就是為什麼說「拉蒙娜很聰明卻很無趣」的人**不想**跟拉蒙娜相處，因為他們覺得她的無趣比她的聰明更重要。相對來說，表示「拉蒙娜很無趣卻很聰明」的人**確實**想跟拉蒙娜相處，因為他們把她的聰明看得比她的無趣更重要。這第三個主張解釋了句子（1）跟（2）之間的差別。

其他貶值用語做出了同樣的三種主張，不過是在相反方向。請考量一個政治實例。迪爾瑪·羅賽芙（Dilma Rousseff）從二〇一一年成為巴西總統，直到二〇一六年遭彈劾下台為止。在二〇一六年七月，羅賽芙仍然在被彈劾的過程中，一名巴西人可能會這麼說：

（3）雖然羅賽芙是我國總統，她還是腐敗的。

（4）雖然羅賽芙是腐敗的，她還是我國總統。

這兩句話主張羅賽芙既是總統又很腐敗，而且也意謂者這兩個主張之間有某種緊張。羅賽芙身為總統是尊重她的一項理由，但羅賽芙的腐敗是不尊重她的一項理由。而且，「雖然」一詞通常指出，直接放在這個詞彙後面的事情沒有**第一**子句裡的主張重要。這就是為什麼用正確語氣說（3）的人意指我們**不必**尊重羅賽芙，因為她很腐敗。相對來說，某個用正確語氣說（4）的人則意指我們**確實**要尊重羅賽芙，因為她是我國總統。主張的位置揭露了發言者心中的優先順序。

這兩種模式重複出現在其他的貶值用語裡，包括「雖然」、「就算」、「即使是」、「在此同時」、「有鑒於」、「然而」、「可是」、「還是」、「雖然如此」與「即使如此」。所有這些詞彙蘊含了他們連結的兩個主張，意謂者這些主張之間的衝突，並且把這些主張按照對當前議題的重要性排序。

論辯者通常用貶值用語來保護並支持他們的前提。他們可能會說類似這樣的話：「你應該讓羅賽芙說話。雖然她的批評者可能反駁說她很腐敗，她還是總統。」第二句話回應了批評者對於讓她發言的反對意見，也補上了一個前提（「她還是總統」）以支持結論：你應該讓她說話。提出反駁跟回應反駁，讓批評者更不願意反對你的前提，所以有時候這樣可以停止一場論辯。

讓我們把這個教訓，運用在我們沿用到現在的例子：美國旅遊禁令之上。旅遊禁令的辯護者可能會說：「當然，大多數來自這六國的穆斯林不是恐怖分子，但我們無法分辨哪些人才是。」這句話攔截了這個反駁——禁令錯誤地假設大多數來自這六國的穆斯林是恐怖分子——因為禁令的辯護者才剛明確否認了這個假設。另一方面，旅遊禁令反對者可能會說：「無可否認，我們不能總是信任當地文件或者確定誰是恐怖分子，但極端審查會讓某些案例變得清清楚楚。」這句話解釋了為什麼（隨後也承認了）很難分辨誰是恐怖分子，所以這句話截斷了一個想像中的反駁：禁令反對者太過天真，所以才會假定很容易分辨誰是恐怖分子。在此兩種例子裡的貶值說法，都阻止了一種潛在的錯誤詮釋，並藉此增加了相互理解與討論成效豐碩的機會。藉著同時提及反駁與回應，這些句子闡明了議題正反方的理由。雙方對於互相競爭的考量所產生的覺察，可以增加找到妥協方案滿足雙方與雙方理由的機率。這是貶值性反駁意見能改善論證的另一種方式。

詞彙能夠如何一同運作？

我們已經碰到過幾種引進論證的方式，也就是論證標記，還有停止論辯的方式——利用防衛、擔保、評價或貶值用語。這些語言片段，每一個都很迷人而複雜。關於這些用語，我們還有很多要學，也可以從中學到很多。學到更多的最佳方式，就是練習在真正的論證中指出這些詞彙。這是精密分析的目標。

做為示範，我們會緩慢而仔細地研究一個有點長度的例子。這個例子來自「平等交換」（Equal Exchange）公平交易咖啡的廣告[8]。讓我們從閱讀整篇廣告開始，以便看出它的整體結構：

早上提起這件事可能嫌早了一點，但如果您向大公司買咖啡，您就是不小心支持了讓小農持續貧窮的體系，同時讓富有的企業口袋滿滿。藉著選擇「平等交換」咖啡，您能夠幫忙造就出改變。我們的信念，是直接與小型農業合作社以彼此同意、有固定最低費率的價格交易。然後，要是咖啡市場價格下跌，仍然保證農夫們可以得到公道的價錢。所以喝杯「平等交換」咖啡，讓一位小農快樂吧。當然，您購買「平等交換」的決定不需要全然無私。由於我們也同樣以精進我們美味的咖啡口味為傲，就像我們以幫助生產這些咖啡的農夫為傲。要取得更多關於「平等交換」的資訊，或者要直接訂購我們美味、有機、在樹蔭下栽培的咖啡系列產品，請來電：1-800-406-8289。

要對這個段落進行精密分析，我們需要指出其中的論證標記，還有防衛、擔保、貶值與評價性詞彙。這個練習將會揭露出這個段落的核心論證。

第一句話裡的用詞已經值得評論。為什麼作者群說「早上提起這件事可能嫌早了一點」，而不是「早上提起這件事嫌早了一點」？因為讀者可能在一天中的任何時間裡看到這則廣告。如果他們是在晚間看到，那麼說現在是一大早就不是真的了。為了避免一開始就出現錯謬，作者群放了防衛用語「可能」。「一點」這個用詞，似乎也是在防堵「現在不算太早」的反駁意見。無論如何，這種防衛都有點不尋常，因為這句話並不是核心論證的一部分。主要論點靠的不是這篇文章在一天中的哪個時間被讀到。

下一個值得注意的字是「但」。我們看出「但」是一個經典貶值用語。這個字眼在這裡貶損的是什麼？在此還不完全清楚，但有一個很可能為真的詮釋。如同我們將會看到的，這句話的其餘部分開始了這個論證，而這個論證相當認真。這個字暗示，買了種類不對的咖啡，會傷害到貧困的受害者。對大多數人來說，一早還在慢慢甦醒的時候討論這個議題太沉重了。因此，許多人很可能反對在喝第一杯咖啡的時候提起這個論證。「但」這個用字預期到有這種反駁，並且指出下面的話更重要。

接下來的話是一個由「如果——就是」構成的句子，也稱為條件句：「但如果您向大公司買咖啡，您就是不小心支持了讓小農持續貧窮的體系，同時讓富有的企業賺飽荷包。」請注意，作者並沒有指控別人從大公司買咖啡，或者支持讓小農持續貧窮的體系。畢竟某些讀者可能根本不喝咖啡，或者可能已經向「平等交換」買公平交易咖啡了。

那麼，這句條件句在做什麼呢？這一句的重點來自「貧窮」這個詞彙。如果一個體系並不壞，加以支持沒什麼不對，但如果貧困是壞的，讓小農持續貧困就有不對的地方。注意，某人是否貧窮，並不只是看他們有多少貨幣或多少所有物。一個每年賺進一百萬盧比（約等於美金一萬六千元）的人，在這樣就可以過得很好的某些地方可能很有錢，但在這筆錢過不了像樣生活的某些地方，就還是個窮人。因此，說某人「窮」，似乎意謂者他們賺來或擁有的錢不夠，不符合良好生活的某種最低標準。在這種意義上，貧窮是壞的，所以「貧窮」是一個評價用語。（當然，這並不表示窮人是壞的，只是他們的收入與財富水準不佳。）如果貧窮在這方面是壞的，那麼讓小農持續貧窮就是壞的；而支持一個有這種壞影響的體系也是壞的，所以，如果就像這句話所主張的，向大公司買咖啡支持了一個壞的體系，那麼向大公司買咖啡就是壞的。我們可以看出來，評價用語「貧窮」的負面力量如何一路反彈回到廣告中這個條件句的最開頭，並且暗示向大公司買咖啡是壞的。

那麼「口袋滿滿」（lining the pockets）呢？這個用詞也是評價性的嗎？在此並不清楚，有一部分是因為這句話是隱喻性的。賺錢沒什麼不對。然而這個隱喻暗示口袋裡塞滿（或填滿）了錢，也暗示錢被藏在口袋襯裡（lining）中。藏錢的理由，想必是這筆錢來路不正。如果這個隱喻暗示的是這個，那麼「讓富有的企業口袋滿滿」也違反了公平的標準，所以是壞的。所以，這個額外的論點強化了以下主張：這個體系糟透了，所以你不應該透過向大公司買咖啡來支持這個體系。

作者群為什麼補上「不小心」這個副詞？或許是因為作者群不想指控讀者們蓄意傷害窮人。這樣的指控會很難證明，而且可能造成反效果，激怒讀者群，讓他們不再往下讀。作者想要向讀者展現怎麼做比較好，卻不至於為了這個體系造成的傷害而去責怪他們個人。此外，藉著稱呼這種傷害是「不小心的」，作者暗指喝大公司咖啡的人不知道他們對貧窮農夫做了什麼，所以他們往下讀就會學到一些事情。

所以第一個結論是現行體系爛透了，但這則廣告的主要重點，不只是制止讀者去向大公司買咖啡。畢竟他們可以完全放棄咖啡。作者群反而想讓讀者向「平等交換」買他們要的咖啡。為了給讀者理由這麼做，作者群需要一個更積極的論證。

積極論證從下面這句話開始：「藉著選擇『平等交換』咖啡，您能夠幫忙造就出改變。」這句話實際上並沒有說變化是好的。某些變化可能讓整個體系變得更糟。然而在廣告的第一句話顯示出舊體系為什麼不好以後，作者群此時似乎假定了做改變是好的。

這句話還是沒有明講選擇「平等交換」咖啡實際上會改變任何事。理由在於「能夠幫忙」包含了兩種防衛用語。說人**幫忙**造就出改變，意義上會比說他們確實造就出改變來得弱些，而說人**能夠**幫忙造就出改變，比起說他們確實幫忙造就出改變又來得弱些。兩度弱化這個前提，讓這句話比較容易辯護。對手無法反駁說，向「平等交換」買咖啡本身並不足以改變體系，因為這則廣告的作者從來沒有做出這種沒有防衛的主張。然而儘管這個有雙重防衛的前提效力很弱，還是足以支持結論：如果讀者們想要有些機會，成為貧窮咖啡農夫問題的部分解答，他們就應該買「平等交換」咖啡。這樣程度的機會無法滿足某些讀者。不過有些許做出良性改變的可能性，勝過支持一個壞的體系，所以這個經過雙重防衛的主張，對於許多讀者來說，已經是改喝「平等交換」咖啡的充足理由了。

下一句話很棘手：「我們的信念，是直接與小型農業合作社以彼此同意、有固定最低費率的價格交易。」作者告訴你「平等交換」相信什麼，但從沒有實際斷言他們做了他們相信的事。在此「信念」這個詞彙可能被看成是一種防衛，因為這個詞彙弱化了這個主張，以避免這種反駁：平等交換並不總是實際上直接跟小型農業合作社以彼此同意、有固定最低費率的價格交易。但作者還是明確地邀請讀者假定「平等交換」做的是他們相信的事。

這句話也暗示他們相信的事情是好的，所以直接跟小型農業合作社以彼此同意、有固定最低費率的價格交易，應該是好的。然而這句話裡沒有一個字有明確評價性。說一個行為是「交易」，並不等於說它是好或壞的。說交易是「直接」的，也不等於說它是好或壞的。說價錢是彼此同意的，並不是評價這個協議是公平或好的，因為某些共同協議是不公平又不好的。說一個費率有固定的最低值，並不等於說最低值高到堪稱公平或者良好。作者群從未解釋為什麼上述任何一件事情是好的。對於這個論證來說，這是問題嗎？不盡然。顯然作者把這些事情視為好事，而作者可能設法要影響到的，只有共享這些評價的閱聽眾。也許作者群並沒有要針對任何認為價格彼此同意並不好的人發言。若是如此，這個論證就可能影響到作者設法要影響的每一個人。

無論如何，下一句話裡引進了明確的評價：「然後，要是咖啡市場價格下跌（should the coffee market decline），仍然保證農夫們可以得到公道的價錢。」「公道」這個詞彙顯然是有評價性的，因為只有在某件事符合公平的評價標準時，這件事才是公平的。這句話裡的should（應該）又怎麼說呢？說某人應該做某件事，正常的含義是做這件事是好的。然而在此作者顯然沒有說咖啡市場應該下跌。那樣會是壞的。這句話裡的should反而表示「**如果**咖啡市場下跌……」。

這句話裡可以被標記起來的另一個詞彙是「保證」。說**保證**有公平價錢，就等於說有人擔保或確定農夫們會得到公平的價格。是誰保證這個公平價格？想必是「平等交換」，因為當地法律並不要求固定的最低費率。所以，如果我們把「平等交換」公司視為自身廣告的作者，那麼「保證」的功能就是一個擔保用語，因為作者群用這個詞彙來向讀者擔保，農夫們會得到公平的價格。這就等於說：「農夫們肯定會拿到公平的價格。」

現在既然我們了解其他部分了，就讓我們回到這句話的第一個詞。「然後」是個論證標記，指出前一句（「我們直接與小型農業合作社以彼此同意、有固定最低費率的價格交易」）是支持後一句的理由（「要是咖啡市場下跌，仍然保證農夫們可以得到公道的價錢」）。「平等交換」的交易與定價慣例，給出解釋性理由，說明為何價格面對免不了的市場下滑時還會維持穩定。因為這句話裡的評價用語，這個論證也提出買「平等交換」咖啡的正當理由，因為該公司的慣例促成某種好事：公平的穩定性。

下一句話明確地引出這個普遍性結論：「所以喝杯『平等交換』咖啡，讓一位小農快樂吧。」「所以」這個用詞的功能是一個論證標記，指出接下來的話是一個結論。奇怪的是，只有這個結論是祈使句：「喝杯『平等交換』咖啡。」祈使句不是陳述句，所以不可能為真或為假。這種形式上的特徵，似乎就讓它們無法被當成結論了。然而如果這個結論是「你應該喝一杯『平等交換』咖啡」或者「我推薦你喝一杯『平等交換』咖啡」的簡略版，那就沒有問題了。作者群心裡想的似乎是某種類似的延伸。

這句話的後半段引進了一個新理由：「讓一位小農快樂吧。」作者群之前並沒有提到快樂。「快樂」一詞是評價性的，假定讓人快樂就是讓他們感覺很好。喝「平等交換」咖啡的正面效果，因此補足了避免支持不公平體系的理由。而且，作者丟下防衛用語，並且暗示喝一杯「平等交換」咖啡事實上會讓一個小農感到快樂。這個比較強的主張，打動的是閱聽大眾中只有實際造成良好影響才會滿意的人，而不只是像較早的論證裡主張的那樣，有機會幫忙避免不良影響就好。然而不幸的是，這引起一個問題：喝一杯「平等交換」咖啡是否真的會讓一位小農快樂。有的是理由懷疑這一點，但在此我不會深究。

下一句話展現的是擔保與防衛的常見結合：「當然，您購買『平等交換』的決定不需要全然無私。」「當然」一詞向讀者擔保接下來的話是真的（卻沒有公開具體指出任何證明它為真的證據，雖然證據在下一句話裡會出現）。然而讀者們得到的擔保，是由這個複雜短語「不需要全然……」防衛著的。說一個行為不全然無私，跟這個行為有一部分是無私的並不衝突，所以弱化了這個行為全然無私的主張。然後說一個行動不需要全然無私，進一步弱化了此行為不全然無私的主張。這種雙重防衛主張效力極弱，以至於跟實際上根本不無私的決定也是相容的，只要這個決定可能有一部分是無私的就夠了。沒有人能反對這句話，但這句話怎麼可能強到足以支持任何結論呢？呃，這句話不必支持任何結論，因為喝「平等交換」咖啡的積極論證中，並不包括它在內。這句話反而是回應一種可能的反對意見——作者群要求讀者要無私。這裡沒有貶損用語，然而在有反駁意見被貶損的狀況下，並不是每次都必須要出現貶損用語。在此貶損一個反對意見所發揮的功能，從脈絡來看應該就很清楚了。對這個關於無私的主張做出雙重防衛，重點在於貶損任何認為作者群要求顧客群全然無私的反對意見。就連自私的混蛋，都有理由喝「平等交易」咖啡。

為什麼？下一句話告訴我們：「由於我們也同樣以精進我們美味的咖啡口味為傲，就像我們以幫助生產這些咖啡的農夫為傲。」在此「由於」（for）一詞是一個論證標記。我們可以分辨出它的功能，因為我們能夠用另一個論證標記——「因為」（because）——來取代它，卻不至於改變這句話的基本意義。說「由於我們也同樣以……為傲」跟說「因為我們也同樣以……為傲」是一樣的。對照下一句話裡的同樣字眼：「要（for）取得更多關於『平等交換』的資訊……」在這裡我們無法用另一個論證標記來取代，因為這樣就讓人看不懂了：「因為取得更多關於『平等交換』的資訊……」

在前一句話裡，「由於」這個詞彙標記出來的是哪個論證？只是這樣：「就像我們以幫助生產這些咖啡的農夫為傲一樣，我們也以精進我們美味的咖啡口味為傲。所以，您購買『平等交換』的決定，不必然要是全然無私的。」這個經過雙重防衛的主張就是結論，所以它的效力微弱，讓它更容易得到支持。當然，「精進口味」替「口味還需要多多精進」的可能性留下餘地，而「以精進口味為傲」跟「這種驕傲其實放錯地方」也沒有衝突。但作者群還是清楚暗示他們的咖啡口味很好，而這也是買這些咖啡的理由。

最後，我們可以結合這個論證的兩條主線。買「平等交易」咖啡的理由之一是，這樣做可以幫助改變一個壞體系（還有讓一位小農快樂）。買「平等交易」咖啡的另一個理由，在於它精益求精的美味。這兩個部分加起來，應該就為任何在乎幫助小農，或者個人享受精緻美味的讀者提供了理由。「平等交易」的人同時以兩種考量為傲，但這個論證對於在乎其中任一考量的讀者來說都有效——就算他們只在乎農夫，或只在乎味道。因此，這個論證藉由擴大了它展現的理由範圍，而變得更強而有力。

一如往常，我個人並沒有認可這個論證或它的結論。無論你是否被說服去買「平等交易」咖啡——說真的，甚至不管你喜不喜歡喝咖啡——這個精密分析練習的重點，並不在於說服。理解才是目標。我設法讓這個論證看起來盡可能良好，這樣我們才能評估支持論證結論的最佳理由，並從中學習。

我的另一個目標，是說明就算是一個簡單的論證都有可能變得很複雜。我們的精密分析揭露，靠著仔細檢視僅僅八句話，並且把焦點放在論證標記加上防衛、擔保、評價與貶損用語之上，能夠從中發現多少內容與策略。我希望這麼仔細過濾一個範例的過程，應該提供了一個把這門技術運用在其他論證上的可行模式。精密分析可以同樣運用在許多其他領域的許多其他論證上。在你自己喜歡的主題上試試看，這很有趣。跟朋友們一起做甚至更好玩，這樣你們就可以討論不同的詮釋。

CHAPTER

8

如何完成論證

How to Complete Arguments

在前一章裡，我們看到如何藉著仔細檢視關鍵詞彙來分析論證。**精密**分析的這種技術，幫助讀者定位文本中明確給出的論證各部分——也就是前提與結論。甚至在這樣精密的分析之後，我們還是需要把論證的這些組成元素，安排成一個可以理解的次序，然後插入被預設卻沒有明說的額外前提，藉此完成這個結構。這種方法被稱為**深層**分析（deep analysis）。精密分析與深層分析可以結合起來，產生論證**重建**（argument reconstruction）。這一章的目標是解釋深層分析，並且示範論證重建。然而我們首先需要界定將會引導這些方法的「有效性」（validity）標準。

哪些論證是有效的？

在非哲學家說一個論證有效的時候，通常他們的意思只是這個論證很好。因此「有效」一詞被當成一種評價用語。相較之下，當哲學家（邏輯學家也包括在內）說一個論證有效的時候，他們指的是完全不同的事情，並沒有蘊含這個論證好還是壞。

哲學家理解中的有效性概念，關乎前提與結論在一個論證中的關係。如果無論在任何情況下，一個論證都不可能在全部前提為真時結論卻為假，只有在這種時候，該論證才是在這種技術性、哲學性的意義上有效。這個定義也等於說，如果某論證在結論為假的每一種可能情境裡，前提都至少有一個為假，只有在這種狀況下，這個論證是有效的。你可以用前述任一方式來思考有效性，這就看哪種公式化表述對你來說最好理解。

無論是哪一個方式，關鍵在於這個定義是跟可能性而非現實性有關。一個論證是否有效，並不是仰賴它的前提或結論是否實際上剛好為真。真正重要的是，某種組合——真的前提與假的結論——是不可能的（在這種狀況下，論證有效），還是有可能的（這種狀況下，論證無效）[1]。

因此，某些有真前提跟真結論的論證仍然無效。請考量下面這個論證：「所有埃及公民都不到一公里高，所有埃及公民都呼吸空氣，所以所有呼吸空氣的動物都不到一公里高。」這些前提跟結論全都是真的。儘管如此，這個論證還是無效，因為有可能在結論為假的時候，這些前提卻為真。就想像有個可能世界，那裡的長頸鹿都長到超過一公里高。這種演化是可能的，而這樣會讓結論為假，但如果那裡的埃及公民仍然跟現實世界的埃及公民一樣，兩個前提就都還是真的。這種可能性足以顯示出這個論證儘管包含三項為真的事實，從哲學家採納的技術性意義上來說，卻是無效的。

另一方面，某些有效論證有假前提跟假結論。舉例來說，「所有壽司師傅都是女人，所有女人都玩板球，所以所有壽司師傅都玩板球」，這是個很傻氣的論證，因為兩個前提跟結論都是假的。儘管全數為假，這個論證在技術上來說卻是有效的，因為這論證不可能在結論為假的時候前提為真。如果所有壽司師傅都玩板球是假的，那麼一定有某個壽司師傅不玩板球。這個壽司師傅一定是女人或不是女人。如果這個壽司師傅不是女人，那第一個前提（「所有壽司師傅都是女人」）就是假的。如果那個壽司師傅是女人，那第二個前提（「所有女人都玩板球」）就是假的，因為我們已預設她不玩板球了。兩個前提為真而且結論為假的組合，是不可能的。這就讓這個論證在這種技術意義上有效（就算這個論證在其他方面相當糟）。

為了決定一個論證是否有效，有個方法是盡你最大能耐去想像或描述一種前提為真、結論卻為假的情況。如果你能描述一個出現這種真值（truth value）組合的情況，這個論證就是無效的。當然，你需要確定你的描述真的是融貫的。你可能不會注意到描述中的某些不融貫之處，所以你需要很仔細檢視。不過，如果你能夠描述一個情境確實有這種真值組合，而且在仔細檢視之後看似融貫，這種明顯的融貫性仍然是相信此論證無效的某種理由。另一方面，假定你沒能夠找到任何融貫的描述，是在描述有這種真值組合的情境。你的失敗可能只顯示你缺乏想像力，而不是這個論證的有效性。但如果你夠努力嘗試，還是想像不到任何讓結論為假時前提為真的描述，這仍然是相信該論證有效的某種理由。所以設法描述一個結合真前提與假結論的融貫情境，在缺乏其他技術方法的時候，是個有用的開始。精通這種技術的最佳方式，是跟朋友們討論種種例子，他們或許能夠想像到被你忽略的可能性。

有效性在何時是形式性的？

某些論證因為它們特定的用詞或語句而有效。「我的寵物是隻老虎，所以我的寵物是隻貓科動物」這句話有效，因為不可能是隻老虎卻不是貓科動物。然而如果我們代換成其他字詞，像是「我的寵物是獏，所以我的寵物是犬科動物」，這個有效性就毀了。因此讓原論證有效的是其中使用的詞彙——「老虎」與「貓科動物」——（在語意內容上）的意義。

相較之下，其他論證是因為它們的形式而有效。請考量這個論證：「我的寵物要不是老虎就是獏。我的寵物不是老虎。所以，我的寵物是獏。」如果結論為假（我的寵物不是獏），第二前提為真（我的寵物不是老虎），那麼第一個前提就是假的（我的寵物不是老虎也不是獏）。因此這個論證是有效的。而且，無論用哪些字詞來取代「老虎」、「獏」還有「我的寵物」，這個論證仍舊有效。這個論證也是有效的：「你的寵物要不是狗就是豬。你的寵物不是豬。所以，你的寵物是狗。」這一個亦然：「我的國家要不是在打仗就是在負債。我的國家不是在打仗。所以我的國家在負債。」這個形式的每個例子裡，都不可能有兩個前提皆為真、結論卻為假的狀況。因此這個論證因其形式而有效。這個論證形式被稱為**否定選言**（〔denying a disjunct〕因為「要不是」「就是」〔"either" and "or"〕這樣的命題，被稱為選言）或者**排除法**（〔process of elimination〕因為第二前提消除了第一前提中的其中一個選項）。

記住另外幾個形式上有效的論證形式、還有形式上無效卻常常被誤認為有效的論證形式，是很有用的。變數「x」跟「y」可以用任何句子取代，只要在變數出現的時候，都用同樣的句子來取代同樣的變數就好。這些論證形式是有效的：

肯定前件（Modus Ponens）：如果x，那就x；x；所以y。

否定後件（Modus Tollens）：如果x，那就y；非y；所以非x。

這些論證是無效的：

肯定後件（Affirming the Consequent）：如果x，那就y；y；所以x。

否定前件（Denying the Antecedent）：如果x，那就y；非x；所以非y。

（這些名稱的由來是這樣：在一個「如果……那就……」的命題裡，稱呼「如果」子句為前件，「那就」子句為後件；這樣的命題也稱為條件句或假設句。）在此有另外兩個有效論證形式：

假言三段論（Hypothetical Syllogism）：如果x，那就y；如果y，那就z；所以，如果x，那就z。

選言三段論（Disjunctive Syllogism）：要不是x就是y；如果x，那就z；如果y，那就z；所以，z。

如果你思考過這些論證形式，然後用你自己選擇的任何句子來取代其中的變數，你應該就能夠看出那些形式有效，還有為什麼有效。形式方法（包括真值表）已經被發展出來，以便表現因為命題形式而產生的有效性。其他方法（像是文氏圖〔Venn diagram〕、真值樹〔truth trees〕、矩陣與證明）也已經發展出來，以便表現因為某些非命題形式而產生的有效性。在此我們不會深入這些細節[2]。在此唯一重要的是，對於哪些論證有效，以及論證的形式在何時會讓論證有效，有點初步的粗略概念。

是什麼讓論證健全？

就算是形式有效性，也不足以讓一個論證很好或者很有價值。請考量一下這個論證：「如果亞馬遜河是世界上最大的河流，那麼這裡就有世界上最大的魚。亞馬遜河沒有世界上最大的魚。所以，亞馬遜河不是世界上最大的河流。」這個論證有否定後件的形式，所以必然是形式上有效的。然而其結論為假，因為亞馬遜河實際上是世界上最大的河流。所以，在這個論證有效的狀況下，結論怎麼還能是假的呢？答案就只是第一前提為假。最大的魚並不住在最大的河流裡。

一個論證之所以好，不只是因為它有效，還因為它是健全的（sound）。健全論證的定義，是一個有效而且全部前提為真的論證。這個定義保證每個健全論證都有為真的結論。這個論證的有效性，確保它不可能有真前提與假結論。因此前提的真就意謂者結論不可能為假。這樣讓健全性很有價值。

你假定了什麼？

關於有效性與健全性的這些概念，對於決定何時一個論證仰賴未曾言明的假設是很有用的。這種事情常常發生。當你跟我在安排二〇一九年的某個商務會議時，你可能會說：

> 我們不該把會議排在六月三日，因為那是齋戒月的最後一天。

如果你知道我們雙方都假定，我們在會議上想見的某些人會拒絕在齋戒月最後一天開會，你只需要這麼說，就可以把我們的對話挪到其他可行日期。如果我們補上這個假設，那麼我們就得到一個比較長的論證：

> 我們在會議上想見的某些人會拒絕在齋戒月最後一天開會。我們不該把會議排在我們在會議上想見的某些人會拒絕開會的日期。所以，我們不應該把會議排在齋戒月最後一天。二〇一九年六月三日是當年齋戒月最後一天。所以，我們不應該把會議排在二〇一九年六月三日。

單單一句話變成了兩階段的五句話。有什麼可能證明我們把這麼多話塞到你嘴裡的合理性呢？我們怎麼能分辨你是不是真的假定了這個較大論證裡的額外前提呢？答案就仰賴有效性。把這些額外前提歸諸於你是公平的，就算你沒這麼說，因為你的論證要有效，就需要這些前提。少了隱含的假設「我們不應該把會議排在齋戒月最後一天」，就很難看出你明講的前提，「那（六月三日）是齋戒月的最後一天」，如何提供理由支持你明確的結論，「我們不該把會議排在六月三日」。補上額外的前提讓論證變得有效，因為在相同情況下，不可能兩個前提為真而結論為假。新的前提因此解釋了為何原本的前提是支持原結論的一個理由。

這個補充接著引起了這個問題：為什麼我們應該接受這個新前提。畢竟，就算有這個前提的論證是有效的，有效性本身無助於顯示結論為真，除非它的前提也為真。我們需要的是健全性，而不只是有效性。所以我們要問：為什麼不在齋戒月最後一天安排會議？

一個潛在理由是，在那天的會議會違反某種宗教規定。然而一場會議是否違反一條宗教規定，仰賴的是會議的種類與時間。而且，就算我們的會議會違反一項宗教規定，這個事實本身也不支持「我們不該在當天開會」的結論。某些人可能會接受這個規定，但無神論者與世俗人文主義者會加以拒絕，而他們可能就是開會團體中的每個人。因此這個額外前提會讓論證變得可質疑，無法打動這群閱聽眾。

我們不需要認同任何宗教規定，才能同意沒人出現的會議進行得不好。這就是理由，可以說明我們為何不想把一場會議排在關鍵人物會拒絕出席的日期。所以，如果我們知道我們想納入會議的某些人會拒絕在齋戒月最後一天開會，這就給我們一個理由不要在那天排會議。較長論證中的起始前提抓住了這個理由，而且比起另一個引用宗教規則的理由，接受現在這個前提的閱聽眾更廣大。況且，這個前提夠強，可以讓結果產生的論證有效，因為在該論證前提為真的時候，它的結論不可能為假。

這些特徵對於這個論證的世俗性詮釋有利。在較弱的假設會讓論辯者的論證更好時，把比較強的假設硬套到論辯者身上是不公平的。填補論證中的假定，目標不在於讓論辯者看起來很傻或很笨。這反而是為了理解他們的觀點，並且從中學習。為了達到這個目的，我們需要讓論證看起來盡可能好，這樣他們就能教我們更多事。我們還是可能到頭來互不同意，不過我們無法就此下結論說，沒有好的論證支持這個立場，除非我們已經看過支持該立場的論證中可能最好的一個。

這一切加起來，解釋了為何把額外前提跟較長的論證，歸諸於某個只明確主張原本短版句子的人是公平的。像這樣的隱含前提，通常被說成是**被抑制的**（suppressed），或許是因為論辯者被認定是抑制了公開如此斷言的傾向。整體而言，只有在必須有被抑制前提來讓原本的論證有效，而且這個論辯者會認為補充前提為真、並因此認為較長的論證有健全性的時候，我們才應該把被抑制前提歸諸於某位論辯者。在這方面，藉著補上被抑制前提來補完論證的必要標準，就是有效性與健全性。

說一個前提是被抑制的，可能看似把它貶抑成某種偷偷摸摸的東西。然而「被抑制」一詞在此不是一種負面評價。每個人都會抑制前提，而很難看出我們如何能夠（或者為何會）避免這樣做。論辯者常常理直氣壯地抑制前提。說實話，不抑制前提通常是壞事。就看看我們的完整論證比原來的句子長了多少吧。如果我們給出任何論證的時候，都必須講明白每個假設，那要說些什麼都得花上極長的時間。抑制前提提高了溝通效率。

有其他論辯者把這種有正當功能的工具，用在惡毒的目的上。藉著抑制自己論證中最可疑的前提，他們設法愚弄傻瓜。想像一個二手車商人如此論辯：「你應該從我店裡購買五年售後服務，因為這樣你就不需要付修理費了。」他抑制的前提是，你應該買任何會避免修理開銷的東西。他從來沒有公然聲明這個額外前提，因為如果他這麼做，你可能會質疑這個前提。儘管如此，他仍然確實需要這個前提，才能讓他的論證有效。問題在於這個抑制前提，引起了車商設法要隱藏的關鍵性議題。這個服務合約要花多少錢？車子需要修理的可能性有多高？修理費會有多貴？而且當然要問，為什麼他賣你一輛需要這麼昂貴修理費的車子？他的把戲是把你的注意力集中到其他前提上，藉此引開你，不去注意那個有問題的前提。為了避免被這種把戲所愚弄，把論證裡的所有被抑制前提補足是很有用的。這種練習會讓你比較不可能忽略論辯者在隱藏的可疑前提。

這些方法會按比例增加嗎？

用較長的例子，可以闡明精密分析與深層分析在論證重建中如何共同合作。在此有個例子，出自一篇作者未署名的文章〈應對太平洋貧窮都會村莊崛起所需的新方法〉（New Approaches Needed to Address Rise of Poor Urban Villages in the Pacific）：

> 有一份新的亞洲發展銀行（Asian Development Bank，簡稱ＡＤＢ）報告指出，太平洋新興都會居民住在品質低劣而基本服務供應有所不足的房舍裡，這樣的居住區域被稱為「都會村莊」，要應對他們帶來的挑戰，需要新的方法。「都會村莊近年來的迅速崛起，是因為日漸增加的貧窮與氣候變遷帶來的負面衝擊，」斐濟共和國蘇瓦市ＡＤＢ太平洋分區辦公室主任羅伯特．鐘西（Robert Jauncey）說道。「這些非正式或未經計畫的居住區域通常被忽略，而且被排除在政府的計畫體系之外，所以我們需要重新思考管理與發展都會的方法，以便把都會村莊包含到主流政策、策略、計畫與方案之中。」

這份名為《太平洋都會村莊的崛起——太平洋諸島的都市化潮流》（*The Emergence of Pacific Urban Villages – Urbanization Trends in the Pacific Islands*）的報告，把都會村莊定義

為都會區域中天然而傳統的社群與村莊式居住區，這些區域展現出共同的特色：與某個族裔團體有關聯，強烈的社會文化連結，以習俗為基礎的土地租用權，強烈仰賴非正式經濟，還有持續的自給自足活動。都會村莊居民通常生活艱辛貧窮，而且在刻板印象中被貼上負面特徵……[3]

我們需要決定的是，這個段落裡是否包含一個論證，這個論證是在這個段落的哪裡，這論證是什麼，它為什麼目的服務，還有它是如何構成的。這些任務需要對細節的細膩關注。我們會從文本後面往回研究。

沒有論證

先考量第二段。這一段有給出任何論證嗎？沒有。這裡給出的是報告標題，或許是因為這樣讀者就能查閱。然後這裡定義出都會村莊是什麼，想來是因為這樣讀者就會知道這篇文章在講什麼。然後這裡描述了都會村民的生活。這個段落裡的評價用語，可能讓讀者想起一個論證：都會村民面對「艱辛貧窮」，還有「負面」的刻板印象。所以，需要有人去幫助他們。這個論證似乎隱而不顯。然而這個段落並沒有明確給出這個論證，或者任何其他論證。我們可以靠著應用我們對論證的定義，還有尋求論證標記，來分辨這一點。就問問前提跟結論是什麼。

證成理由

下一個要考量的是第一段的最後一句話。論證標記「所以」，指出有個論證確實出現在這句話裡。然而這個論證是從鐘西那裡引用來的，所以本文作者並沒有肯定主張這個論證。是鐘西主張這個論證。或許本文作者想要保留身為新聞記者的中立性。或者也可能作者同意鐘西的看法。畢竟這篇文章從未暗示過對鐘西（或者ＡＤＢ）所說的話有任何懷疑。無論如何，我們可以看到至少鐘西給了一個論證，所以讓我們來嘗試重構這個論證。「所以」這個詞彙是結論標記，告訴讀者在標記之前的話是支持下面這件事的理由：

> 都會村莊通常被忽略，而且被排除於政府計畫之外。
>
> 所以，我們需要重新思考經營與發展都會的方法，以便把都會村莊包含到主流政策、策略、計畫與方案之中。

那個小小的「以便」如果能被詮釋成「為了……的目的」，就也是個論證標記，這很有可能為真。這個理由標記指出隨後的句子是支持先前的句子的理由，所以我們或許可以像這樣重建整個論證：

我們需要把都會村莊包含到主流政策、策略、計畫與方案之中。

都會村莊通常被忽略，並且被排除於政府計畫之外。

所以，我們需要重新思考管理與發展都會的方法。

現在我們有兩個前提跟一個結論。

這個論證的目的是什麼？通常要精確分辨某個人的意圖是很難的，而論辯者也不例外。但鐘西似乎在嘗試說服他的聽眾、或者讓他的閱聽眾相信，他的結論是對的——我們需要以某些方式重新思考都會管理。他想必相信在他的閱聽眾之中，有許多人在他說話之前並沒有這個信念。他們認為都會管理進行得很好，至少在這個區域如此，或者他們根本沒想過這件事。所以，他在設法改變他們的信念。不過我們可以假定，這還不是全部。他可能也希望他們不是獨斷地相信他的結論，而是以理由為基礎。這就是為什麼他不只是肯定主張結論，反而提出一個論證，給出支持結論的理由。因此，他在嘗試的不只是說服他的閱聽眾，還要證成他們相信他的結論是合理的。

要看出這個論證本來是要如何達成這個目的，我們需要把這些前提跟結論，安插到一個顯示出它們如何共同合作證成結論的結構裡。兩個論證標記的出現，可能看似指出每個前提都提供了一個支持結論的個別理由。依據這種詮釋，有兩個彼此有別的論證：

> 都會村莊通常被忽略，並且被排除在政府計畫之外。
> 所以，我們需要重新思考管理與發展都會的方法。

> 我們需要把都會村莊包含到主流政策、策略、計畫與方案之中。
> 所以，我們需要重新思考管理與發展都會的方法。

上述的每一個論證，都需要一個被抑制的前提才能變成有效論證。尤其是第一個論證，需要像這樣的被抑制前提：「我們需要重新思考任何忽略並排除都會村莊的都會管理方法。」不過那個被抑制前提，很接近第二個論證的明確前提：「我們需要把都會村莊包含到主流政策、策略、計畫與方案之中。」同樣地，第二個論證需要類似這樣的被抑制前提：「管理與發展都會的現有方法還沒有把都會村莊包括在內。」但那個被抑制前提很接近第一個論證的明確前提。搜尋被抑制前提的這個過程，因此揭露了兩個前提本來應該共同運作（而不是分開），從而證成結論。每一個前提都仰賴另一個前提。這個結構可以被稱為**接合**（joint）。

為了看出這些前提如何共同運作，首先我們需要澄清用詞。特別是第一個前提指涉到「政府計畫」，第二個前提則提及「主流政策、策略、計畫與方案」，結論講到「管理與發展都會的方法」。作者通常以無關根本的方式改變他們的用字，以避免表面上的重複。然而這樣不重要的變化，卻可能模糊論證結構。如果這三句話描述不同的事物，那麼就很難看出關於其中一事的前提，如何能夠適切地支持關於另一事的結論，然後論證就變得無可理解了。所以為了顯示出論證如何運作，我們需要以某種方式建立這些語句的關聯。一個選項是補上指出這些語句的前提：「主流政策、策略、計畫與方案，還有管理與發展都會，都是政府計畫。」這句話可能看起來是真的，卻很囉唆。為了簡潔起見，我會用單單一個詞句來取代全部：

> 我們需要把都會村莊包含在都會管理之中。都會村莊通常被忽略並排除於都會管理之外。
>
> 因此，我們需要重新思考都會管理。

這個簡單的重述似乎捕捉到鐘西心中的想法，同時也揭露了前提與結論之間的關係。第一個前提中的「包含」還有第二個前提裡的「被忽略與排除」，也有同樣的問題。想來被忽略與排除的東西，就是沒有被包含進去的，所以我們可以再度稍微修改論證裡的措辭：

> 我們需要把都會村莊包含在都會管理之中。都會村莊通常沒有包含在都會管理之中。
>
> 因此，我們需要重新思考都會管理。

統一用詞釐清了這個論證的不同部分講的是相同的主題。

接下來，請注意防衛用語「通常」。為什麼前提說的是「都會村莊通常不包含在都會管理中」，而不只是「都會村莊沒有被包含在都會管理中」？想來是因為後者可以被解讀成「都會村莊從來就沒被包含在都會管理中」，這是假的。有少數幾個例外。要能夠為這個前提做辯護，需要使用防衛用語「通常」。但這樣會讓前提太弱，無法支持結論嗎？不。如果一半的都會管理忽略了都會村莊，那麼就算另外一半沒問題，我們都需要重新思考被忽略的一半。為什麼？因為我們總是需要把**所有**的都會村莊納入都會管理中。包括一半、甚或百分之八十，都是不夠的（至少對住在被排除地區的人來說不夠）。也許我們應該把「所有」加諸於第一個前提之上，來釐清這一點。在這個添加之後，第二個前提裡的防衛用語「通常」看起來沒問題。

一個比較委婉的防衛用語是「重新思考」。鐘西真的只是論辯說我們需要再度思考，或多思考一點關於都會管理的事嗎？要回答這個問題，只要這麼問：如果我們重新思考都會管理，卻還是不做任何事來改變都會管理或者幫助都會村莊，那會怎麼樣？鐘西會覺得滿意嗎？我很懷疑。如果並不，那麼他真正想要論證的就不只是我們需要重新思考都會管理，還有我們需要改變都會管理，以便把所有都會村莊包含在內。在這種狀況下，他的論證其實等同於下述論證：

我們需要把所有都會村莊包含在都會管理中。都會村莊通常沒有被包含在都會管理之中。因此，我們需要改變都會管理，以便包含所有都會村莊。

相對於第一個防衛用語，我們必須移除第二個防衛用語，以便捕捉鐘西本意中的真實力量。

這個論證到目前為止看起來相當好了，但除非它的前提為真，或者至少有理由證成，否則它其實沒帶來任何好處。特別重要的是，有什麼證成第一個前提？為什麼我們需要把所有都會村莊包含在都會管理之中？鐘西並沒有在這句話裡回答這個問題。然而，他確實為ＡＤＢ工作，所以如果他在ＡＤＢ的主張之上建立他的論證，並不讓人意外。

這份摘要的第一句話裡引用了ＡＤＢ報告：「太平洋新興都會居民住在品質低劣而基本服務供應有所不足的房舍裡，這樣的居住區域被稱為『都會村莊』，要應對他們帶來的挑戰，需要新的方法。」這整句話公然說了需要新的方法，還有居住品質低劣、基本服務供應不足。這句話從未明說一事是另一事的理由，藉此把這些主張連結起來。儘管如此，ＡＤＢ把房舍居住品質評估為「低劣」，基本服務供應則評為「有所不足」，這個事實暗示著下面這個論證：

> **因為太平洋新興都會居民**居住在品質低劣、基本服務供應有所不足的房舍裡，要應對他們帶來的挑戰，需要新的方法。

唯一的差別在於這個改編過的句子裡，包含了原句沒有的論證標記「因為太平洋新興都會居民」。這個小差別很重要。原本的句子並沒有公然從一個主張論辯到另一個主張，或者說其中一個是另一個的理由。這個新句子說的就是這樣。所以，新的句子給出了一個論證，雖然原句並沒有。

作者真正意指或有心要說的是哪句話？這很難說。脈絡暗示作者打算把「低劣」跟「有所不足」當成理由，說明為何我們需要新方法。但我們還是無法確定作者是什麼打算，因為他或她到頭來選擇不寫「因為」。面對這種不確定性的時候，我們能做什麼？我們或許能設法問作者，但這篇文章並未署名；而就算我們知道作者是誰，我們可能聯絡不到他或她。最有建設性的做法，可能是忘了作者真正的意圖，就只問這裡提出的論證有沒有好的地方。畢竟我們並不像是在辯論裡要得點那樣，真正想要抓到這個作者犯錯。真正重要的是我們是否需要採用新的方法來做都會村莊計畫。如果這個論證管用，那麼我們就需要一個處理都會村莊的新方法，而這個論證告訴我們為何如此——不管這位作者或任何人是否確實打算提出這個論證。

所以，讓我們假定ＡＤＢ（或許還有這個作者）打算提出類似下面的論證：

都會村民住在品質低劣、基本服務供應有所不足的房舍裡。
所以，我們需要新的方法來應對太平洋新興都會居民帶來的挑戰。

不幸的是，這個論證幾乎無效。一個理由是，論證前提並沒有提到都會管理的現行方法。要是現行方法運作良好，我們只需要給它們一點時間達到成功呢？在這種狀況下，前提會是真的，但結論會是假的，因為我們不需要新方法。

為了避免這個問題，我們需要補充現行方法有哪裡不對的一些說法。請回想一下，第三句話裡來自鐘西的引文，確實具體指出現有方法哪裡不對，也就是說，這些方法通常未包含都會村莊。所以把這些論證連結起來可能有幫助，但要怎麼做呢？一個可能性是，第一句話裡的前提提供了支持第三句話那個前提的理由。這個關聯並不明顯，因為這些主張從沒有被並列過，而且沒有任何論證標記指出兩者的關係。雖然如此，這個建議確實合理說明了這個論證，並且支持這種詮釋：

都會村民住在品質低劣、基本服務供應有所不足的房舍裡。

所以，我們需要新的方法來應對太平洋新興都會居民帶來的挑戰。

都會村莊通常沒有被包含在都會管理之中。

所以，我們需要改變都會管理，以便包含所有都會村莊。

這個雙重論證——出現兩個論證標記「所以」——用第一部分的結論當成第二部分的前提。這兩個部分形成一條路線，指向最後結論。這種結構通常被說成是**線性**的。

我們還沒完，因為第一個論證是無效的。有可能都會村民住在品質低劣、基本服務供應不足的房舍裡，但我們還是不需要把所有都會村民包含到都會管理之中。如果可以改善他們的房舍與服務，卻不把他們納入都會管理之中，這種組合就有可能發生。如果把他們包含到都會管理之中不會改善他們的居住與服務品質，這種組合也有可能。所以，直到我們對於都會管理與居住服務品質之間的關係補上某個被抑制的前提以前，這個論證都會是無效的。以下是一種可能性：

1. 都會村民居住在品質低劣、基本服務供應有所不足的房舍裡。
2. 居民居住品質低劣、基本服務供應有所不足的所有地區，都需要被包含在都會管理之中。
3. 所以，我們需要把所有都會村莊包含在都會管理之中。
4. 都會村莊通常沒有被包含在都會管理之中。
5. 所以，我們需要改變都會管理，以便包含所有都會村莊。

這個論證是（夠接近）有效的，而且呈現了一條很可能為真的推論思路。

現在我們終於公平地重建了鐘西的論證。當然，說這是個論證並不等於認同內容，更不用說是主張結論為真了。重建揭露了好幾個可以被質疑的前提。批評者可能否認前提一，然後主張都會村莊裡的居住與基本服務其實是恰當的。也許這些都會村莊並不像鐘西聲稱的那麼糟。批評者也可能否認前提四，主張都會管理計畫幾乎總是已經包括了都會村莊。也許這些方案並不像鐘西聲稱的那麼糟。最後，批評者可能否認前提二，主張我們應該把某些貧窮區域排除於都會管理之外，要不是因為包含他們太過昂貴，就是因為他們要是學會捍衛自己，日子會比較好過。要回應這樣的批評者，鐘西會需要補充更多論證，所以重建很難以現有形式讓議題塵埃落定。重建所做的，反而是釐清批評家的反駁意見可以往哪瞄準，還有鐘西需要在哪裡放上論證補強他的前提。在這些方面，重建幫助我們理解鐘西與他提出的議題。這就是重建可望能做到的一切了，但這比起我們沒重建他的論證時能達成的要多上許多。

解釋

藉著把第三句話移到第一句話，我們跳過了第二句。我們遺落了一部分的論證嗎？或者第二句話呈現的是一個不同的論證？或者不止一個論證？我會認為這第二個短句，實際上提出另外兩個論證，屬於新的種類，還有個新的結論。要看出為什麼，我們需要重建第二句話裡的論證。

第二句話說：「都會村莊近年來的迅速崛起，是因為日漸增加的貧窮與氣候變遷帶來的負面衝擊。」理由標記「因為」（due to），標示出接下來的話是支持前面言論的論證前提：

> 貧窮日漸增加……
> 氣候變遷帶來的負面衝擊日漸增加。
> 因此，都會村莊近年來迅速崛起。

這個論證需要用更多得多的細節仔細拼湊，但讓我們一開始先問問這個論證打算為什麼目的而服務吧。

鐘西可能又想要說服他的讀者相信他的結論。然而，很難看出這個論證要如何達成這個目標。既然他的大多數讀者可能已經知道近年來都會村莊的數量成長迅速，也很難看出為什麼他會需要說服他們信服這個結論。種種觀察已釐清這一點。所以，假定鐘西知道他在做什麼（若非如此，幹嘛還要花力氣注意？），他必定在尋求某種別的目標。

那目標會是什麼呢？嗯，就算你知道都會村莊**正在**興起，你可能還是會納悶它們**為何**興起。為什麼有這麼多人這麼迅速地搬進居住品質差、又沒有適當基本服務的房舍裡？這個論證想解答的就是這個問題。答案是日漸增加的貧窮與氣候變遷。因為有這麼多人變得貧窮了，又因為氣候變遷而流離失所，他們願意搬進基本服務差勁的糟糕住處。他們別無選擇。這個解釋指出這個趨勢的起因，幫助我們理解這個趨勢為何發生。所以這個論證似乎把目標放在解釋，而不是說服或證成。

如果這個論證的目的在此，這個論證本身是什麼？就跟先前一樣，這個論證有兩個前提，所以我們需要去問兩者是否以接合結構共同運作，還是應該被看成支持結論的獨立解釋。如果兩者是獨立的，那麼我們其實有兩個論證：

貧窮日漸增加……
因此，都會村莊近年來迅速崛起。

氣候變遷帶來的負面衝擊日漸增加。
因此，都會村莊近年來迅速崛起。

在前面我們分解第三句話裡的論證時，我們看到兩個前提接合起來運作，因為每個個別論證都預設了一個近似另一個論證中明確前提的被抑制前提。在此不是這種狀況。

這兩個論證每一個都是無效的，所以每一個論證確實都預設一個被抑制的前提。然而沒有一個論證預設了另一個論證裡的前提。在這個程度上，這些論證是獨立運作的：一個解釋是貧窮，另一個解釋則是氣候變遷。這個結構有時候被描述成分枝（branching）。

先從貧窮論證開始，這個論證需要什麼樣的被抑制前提，才能變得有效？這故事先前已經提過了：人變窮的時候別無更好的選擇，只有搬進服務糟糕的不良居所裡，所以他們願意忍受都會村莊中的生活。再加上一些補充，我們就可以把這個解釋建立成下面的論證：

> 近年來貧窮日漸迅速成長。
> 隨著貧窮日漸增加，有更多窮人願意住在服務糟糕的不良居所裡（被抑制前提）。
> 因此，近年來願意住在服務糟糕的不良居所裡的窮人迅速地增加。
> 隨著更多人開始願意住在服務糟糕的不良居所裡，都會村莊的規模與數量都成長了（被抑制前提）。
> 因此，近年來都會村莊迅速崛起。

這個重構把好幾句話塞到鐘西嘴裡，不過要讓這個論證的每個部分都有效，就需要某些像這樣的增添。這些添加也理應掌握了他所說的故事：貧窮如何解釋都會村莊的興起。

氣候論證運作方式雷同，不過需要以某個方式釐清。前提指涉到氣候變遷的「負面衝擊」，卻沒有具體指出哪些負面衝擊是重要的。特別是氣候變遷可能殺死許多人。然而無法光靠死亡就導致都會村莊產生，因為住在都會村莊裡的人當然是活人；是流離失所造就出都會村莊。在有些人因為氣候變遷而被風暴害死以後，其他人接著離開那些被風暴毀滅的地區，或許是為了避免自己也死掉，也可能是因為他們的舊居被殺死其他人的風暴所毀。人為了避免氣候變遷後果而做出的行動，可能就是鐘西打算用來解釋都會村莊的事情。若是如此，這個論證分枝可以重構如下：

> 近年來的氣候變遷迅速增加。隨著氣候變遷增加，許多人流離失所（被抑制前提）。
> 因此，近年來有許多人迅速地變得流離失所。
> 隨著愈來愈多人流離失所，都會村莊的規模與數量都增加了（被抑制前提）。
> 因此，近年來都會村莊有迅速的成長。

這個論證是有效的，但少了被抑制前提就不會有效，而想來鐘西會接受這些被抑制前提。因此這個重構可能是他心中念頭的公正再現。

氣候論證的結論就跟貧窮論證的結論一樣，所以可說是兩個論證共同合作，對於都會村莊興起的速度給出一個比較完整的解釋。在貧窮與氣候變遷導致更多人搬進都會村莊裡的時候，都會村莊成長得更迅速。儘管如此，就算兩個理由合起來解釋了為何會這麼迅速，每個理由本身都可以被看成為何都會村莊成長迅速的合宜解釋。

就跟先前一樣，重構鐘西的論證並不等於認同內容。就算我們設法要讓這個論證看起來盡可能好，我們的重構實際上具體指出批評者可以攻擊或質疑哪個前提。貧窮與氣候變遷真的增加得這麼快嗎？貧窮與氣候變遷真的讓人流離失所，並且降低了他們的期待嗎？是這些影響導致窮人搬進都會村莊嗎？鐘西也許能、也許不能回答這樣的問題。如果不能，批評者可能會拒絕他的論證與結論。

重構並不總是導向好的論證。說實話，有時候就是不可能把一個論證重構到能看的地步。但就算在這種狀況下，重構一個論證還是能夠幫助我們了解它。這個方法也能夠向我們顯示如何決定論證好不好，以及到底有多好。重構以這種方式為評估鋪路，評估則是下一章的主題。

CHAPTER 9

如何評估論證
How to Evaluate Arguments

在我們指認出一個論證，找出它的目的與結構，又補上被抑制的前提以後，我們終於達到可以評估這個論證的地步了——也就是說，問問這個論證到底好不好。如同我們先前已經看到的，說某個東西是好的，就是說它符合相關標準。所以，論證的相關標準是什麼呢？

一個標準是有實用性。就像我們說一個增加銷售的廣告是好廣告，因為銷售就是廣告的目的，所以我們會說一個能為企圖達到的目的服務的論證，就是好論證。如果提出一個論證是為了說服某些閱聽眾，那麼這個論證成功說服閱聽眾的程度有多高，在這個實用面向上就有多好。然而這個論證可能只是靠著詐閱聽眾去相信沒有真正理由相信的事情，來說服他們。這個論證可能根本沒有提供理由，或者只給出一個很差的理由。在這種狀況下，這個論證是在沒有證成理由的狀況下就發揮了說服力。

如果我們尋求證成、理解與真相，而不單單只追求說服力，那麼我們就替論證設下一個比較高的標準。我們想要的是提供良好適切理由的論證，或者至少是給出一些真實理由、而非虛晃一招或誤導的論證。但接著我們需要標準，來決定何時理由在關乎真理與證成、而不只是關乎信念或說服力的某種知識論意義上算是好的。我們在這一章裡會討論這種標準與價值。

論辯者主張在一個論證中，真理與證成理由之間存在特定的關係，這個關係有一部分仰賴的是論證形式。某些論辯者希望他們的前提保證他們的結論，同時卻有其他人滿足於某個沒有任何保證可言的證據。在這種基礎上，區分論證的演繹形式與歸納形式是很常見的，所以我們會遵循這個傳統，雖然我們將會看出這個區別在某些方面有待商榷。

夏洛克．福爾摩斯是演繹法大師嗎？

讓我們從幾個簡單例子開始吧。想像某人像這樣論證：

（I）諾爾是個巴西人。
所以，諾爾說葡萄牙語。

這個論證很明顯無效，因為諾爾很可能是個不講葡萄牙語的巴西人。也許諾爾是個小嬰兒，小到根本不會講任何語言，或者是個還沒學會葡萄牙語的新移民。儘管有這些弱點，很容易就能補上一個被抑制前提，讓這個論證有效：

（II）所有巴西人都說葡萄牙語。

諾爾是個巴西人。

所以，諾爾說葡萄牙語。

現在，兩個前提都為真、結論卻為假是不可能的了。如果因為諾爾不講葡萄牙語所以前提為假，那麼諾爾就不是巴西人（在這種狀況下，第二前提為假），或者諾爾是巴西人但不講葡萄牙語（在這種狀況下第一前提為假）。前提與結論之間的關係，讓論證（II）有效。

好極了，所以這個論證有效！這樣就讓論證（II）比論證（I）更好嗎？不。補上把（I）變成（II）的被抑制前提，就只是讓（I）之中前提與結論的關係所造成的任何疑慮，都轉移到（II）的第一前提裡。這種轉移只是引起另一個問題：我們是否應該接受補上的這個前提。

哪種證據可以支持所有巴西人都說葡萄牙語的前提？也許講者是從他認識的巴西人之中概括推論出來的。那麼他的論證可能看起來像這樣：

（III）所有我認識的巴西人都說葡萄牙語。

諾爾是巴西人。

所以，諾爾說葡萄牙語。

不幸的是，現在論證回歸無效了，因為有可能我不認識諾爾，雖然他是個巴西人，但他就是不會說葡萄牙語。

另一種可能性是論辯者在維基百科上讀到巴西人說葡萄牙語，而他假定這意指所有巴西人。

（IV）維基百科說巴西人說葡萄牙語。
所以，所有巴西人都說葡萄牙語。
諾爾是巴西人。
所以，諾爾說葡萄牙語。

最後三行就像論證（II），所以第二部分仍然有效。然而從第一行到第二行的推論明顯無效，因為維基百科可能有誤，或者可能僅指涉到一般而言的巴西人，而不是包括小嬰兒跟新移民在內的每一個巴西人。

這一系列論證教給我們很重要的一課。論證（II）——在（IV）的第二行到第四行中重複——是唯一有效的論證。藉著把論證擠成這個生硬的形式，講者指出他企圖讓論證（II）變得有效。畢竟這個論證明顯有效，而且把它變成有效形式要花力氣，所以講者一定是想讓這個論證有效，而且也要看起來有效。相較之下，論證（I）、（III）還有（IV）的前兩行全都明顯無效，所以講者如果企圖讓論證有效，就不會用這種方式公式化表述這些論證。這個對比顯示出某些講者企圖讓他們的論證有效，其他人卻不是這樣。

演繹論證與歸納論證之間的差別，就在於那種企圖。如果一個論證的支持者企圖讓它有效，這個論證就是演繹性的。如果支持者無意讓它有效，那麼這個論證就是歸納性的。因此論證（II）是演繹性的，但論證（I）與（III）是歸納性的。論證（IV）把前兩行的歸納論證，跟第二行到第四行的演繹論證結合在一起了。

用支持者的企圖來區分論證形式，可能看起來很古怪。然而對於企圖的指涉有其必要，因為如下的糟糕演繹推論：

（V）所有巴西人都說葡萄牙語。
所有葡萄牙公民都說葡萄牙語。
所以，所有巴西人都是葡萄牙公民。

如果講者腦袋混亂到提出這種無效論證，那麼他們用這種形式提出論證的事實，就表示他們企圖讓這個論證有效。這個企圖解釋了為什麼我們會把這個論證歸類為演繹論證，雖然這個論證既無效又錯謬。

演繹與歸納的這種分辨方式，顯示出區別為何重要。既然演繹論證的本意就是要有效，因為這些論證無效而加以批評是很公平的。相對來說，指出一個歸納推論無效的事實根本不算批評，因為這種論證本意就不在於要有效。批評一個歸納論證無效，就像是批評一顆英式橄欖球不夠格稱為美式或英式足球，但英式橄欖球本來就沒有要用在其他種類的比賽中。

雖然這種歸納概念在哲學家與邏輯學家之間很常見，其他人對於歸納法的想法卻有非常大的不同。某些人說歸納是起於從特例到通則的過程。這種特徵描述不太精確，因為某些歸納論證是反方向的，以下我們將會看到。

另一個潛在的觀念混淆來源是亞瑟．柯南．道爾爵士，他把他筆下的偵探夏洛克．福爾摩斯描述成一位演繹科學大師，因為福爾摩斯可以從其他人忽略的枝微末節觀察裡得出結論。在某個故事裡，福爾摩斯瞥見街上的一個人，立刻就說他是「一個老兵……在印度服役……皇家砲兵團。」他怎麼能夠這麼快就看出這麼多？「『當然了，』福爾摩斯回答：『有那種風度、那種權威的表達方式與曬黑的皮膚，不難看出這個人是軍人，軍階不只是普通士兵，而且不久前才從印度回來……他沒有騎兵的那種步伐，然而他戴帽子偏向一邊，從他額頭那一邊皮膚顏色較淺就可以看出來。他的體重讓他不可能是工兵（進行防禦工事的士兵）。他是在砲兵團裡。』[1]」這些推論很驚人，不過算是演繹性的嗎？這個嘛，這些論證顯然無效，因為有可能這個男人是個演員，扮演的是印度的一個老砲兵。既然這些論證這麼明顯無效，任何像福爾摩斯這麼聰明的人就不太可能企圖讓它們有效。所以這些論證並不是我們定義中的演繹論證。這並不表示這些論證沒好處。這些論證的精彩之處，正是故事中這段插曲的重點。不過，從這些詞彙的哲學意義上而言，與其說福爾摩斯是演繹法大師，還不如說他是歸納法大師。

演繹法到底哪裡棒？

為什麼柯南·道爾要引人誤會，把福爾摩斯描述成演繹法大師，而不是歸納法大師？或許是要把可能最高程度的稱讚，堆到福爾摩斯的推理能力上。許多人假定演繹法在某方面就是比歸納法好。論證（I）到（V）之間的比較，應該已經讓我們懷疑這個假設了，不過為何有這麼多人相信這一點，還是值得一問。

大家偏愛演繹法的一個理由，也許是演繹法似乎藉著排除所有相反的可能性，達到了確定性。一個有效論證，排除了在前提為真時得到假結論的任何可能性。演繹法的另一種明顯好處是，如果一個論證有效，那麼再多加上別的前提，絕對無法讓論證變得無效；在這種意義上，有效性是不可作廢的。（用論證（II）試試看便知。）補充不可能破壞有效性。

如果你想要的是確定性，演繹法的這些特徵似乎就很令人嚮往。不幸的是，根據哲學家米克．傑格與基斯．李查茲的說法，你不可能總是得到你想要的＊。演繹論證中看似存在的確定性，是一種幻象。只有在前提為真的時候，一個有效論證的結論才能得到保證。如果前提不是真的，一個有效論證還是什麼都不能證明。因此，當我們無法確定前提的時候，演繹上有效的論證也無法創造出結論的確定性。

一個論證的有效性，確實排除了相信前提卻又拒絕結論這種選項，但你還是有好幾種別的選擇：你可以接受結論，或者否認一個前提。在上面的論證（II）裡，只要你放棄「諾爾是巴西人」或另一個前提「所有巴西人都說葡萄牙文」，你就可以否認「諾爾說葡萄牙語」這個結論。這個論證無法告訴你論證本身的前提是否為真，所以只要你願意放棄其中一個前提，這個論證就無法逼你接受結論。

＊譯注：這裡作者在拿滾石合唱團的歌「（我得不到）滿足」（〈I Can't Get No〉Satisfaction）開玩笑，這首歌是米克．傑格（Mick Jagger）跟基斯．李查茲（Keith Richards）一起寫的。

這句格言具體定型了這個論點：「一個人的肯定前件是另一個人的否定後件。」請回憶一下，肯定前件指的是這種論證形式：「如果X，那就Y；X；所以Y。」否定後件則是這種論證形式：「如果X，那就Y；非Y；所以非X。」在肯定前件中，前件X被接受了，所以結果Y也被接受了。但在否定後件裡，結果Y被拒絕，所以前件X也被拒絕。條件句「如果X，那就Y」無法告訴我們是否要接受前件X，然後應用肯定前件，或者反而要否定結果Y，然後應用否定後件。同樣地，一個有效論證無法告訴我們是否要接受前提、然後接受結論，或者反而要拒絕結論、接著拒絕其中一個或全部的前提。所以，有效論證本身無法告訴我們是否要相信論證的結論。

如果兩個前提都有理由證成，我們無法輕易放棄其中之一。然而這樣就只顯示有效論證的真正力量不是來自其有效性，而是來自前提的證成。如果我相信巴西人說葡萄牙語的唯一理由，就是我認識的所有巴西人都說葡萄牙語，那麼就很難看出為什麼有效論證（II）有任何優於無效論證（III）的地方。唯一真正的差異，在於論證（II）裡的不確定性是跟論證的第一前提有關，而論證（III）裡的不確定性，則是關乎前提與結論間的關係。沒有一種論證形式避開了不確定性。這些論證形式只是把不確定性鎖定在不同的地方。

基於這些理由，我們需要放棄我們對確定性的追求[2]。要替這種不可能的夢想設限，有個辦法是從演繹論證轉向歸納論證。歸納論證意圖不在於有效性或確定性。這種論證並沒有試圖或假裝排除了每一種相反的可能性。進一步的資訊或前提，能夠把一個強大的歸納論證轉變成效力弱的歸納論證，從這種意義上來說，歸納論證有可能作廢。這一切可能看似很令人失望，但實際上很振奮人心。領悟到更多資訊能夠造就出差別，激勵了更進一步的探究。承認不確定性，也帶來對於相反證據與競爭立場的謙遜與開放態度。這些都是歸納論證的優勢。

你有多強？

既然歸納論證從定義上來說，就不以有效性為目標，它們追求的目標是什麼？答案是強度。如果一個歸納論證的前提提供比較強的理由支持其結論，這個論證就比較好。這樣回答你就滿意了？我希望沒有。你應該問：「但強度是什麼？這是前提與結論之間的一種關係，但我們怎麼能夠分辨什麼時候一個理由或論證比另一個更強？是什麼讓它更強的？」

這個問題還沒有一個公認的答案。歸納強度的概念仍然具有高度爭議性，不過思考強度的一種自然方式，是把強度當成機率來思考。從這個觀點來看，一個歸納論證的強度就是（或者說仰賴於）在既有前提下，其結論成立的條件機率。在（既有前提下得出的）結論發生的機率比較高的時候，一個歸納論證就比較強。

為了理解這種效力標準，我們需要學一點條件機率。想像印度的某區域，一般來說這裡每五天就有一天下雨，但在雨季是每五天就有四天下雨。甘地誕辰時下雨的機率有多少？這就看甘地誕辰是哪一天。如果你對甘地誕辰在何時全無概念，把這個機率評估成五分之一或者〇．二〇很合理。但假設你發現甘地誕辰是在印度此區的雨季。有了這個附加資訊，現在評估甘地誕辰下雨機率是五分之四或者〇．八〇就變得很合理了。這個新數字是如果甘地誕辰在該地區是雨季，當天當地會下雨的條件機率。

對於歸納論證的應用是很直接了當的。考量一下這個論證：

我們的遊行會在甘地誕辰於該區域舉辦。

所以，我們的遊行會碰上下雨。

這個論證既不有效也不是演繹性的，所以用歸納的強度標準來評估這個論證很合理。前提本身沒有提供甘地誕辰在何時的資訊，所以在既有前提之下，結論的條件機率是〇．二〇。這個論證不是非常強，因為如果只有前提裡的資訊，那麼更有可能發生的事情是該區不會下雨。但現在讓我們加上一個新前提：

我們的遊行會在甘地誕辰於該區域舉辦。
甘地誕辰是在該區域的雨季。
所以，我們的遊行會碰上下雨。

這個論證還是無效，不過它強度更大，因為在既有前提下，結論的條件機率提高到〇．八〇。新前提裡的附加資訊提高了機率。這一切都是常識。如果你不知道甘地誕辰在何時，第一個論證並不是重新安排遊行時間的強大理由。但要是有人補上「那時候正是雨季！」這句話，重新安排遊行時間就很有道理了，除非你喜歡在雨中漫步[3]。

我如何歸納你？讓我細數幾種方式*

歸納論證的摸彩袋裡有什麼？讓我們伸手到袋子裡去，看看出現的會是什麼。

請想像你要開一家餐廳，而你在愛丁堡選了一個地點，但你還沒決定是要提供衣索比亞料理還是土耳其料理，你的主廚有兩方面的專長。餐廳能不能成功，仰賴鄰近地

＊ 譯注：作者在這個標題也玩了個文字遊戲，諧仿伊莉莎白．布朗寧的著名詩作〈我如何愛你？〉（How Do I Love Thee?），前兩句就是「我如何愛你？讓我細數幾種方式」。

區喜歡其中一種食物的人有多少。為了回答這個關鍵問題，你在社區裡隨機抽問路人，發現其中百分之六十的人喜歡土耳其料理，但只有百分之三十的人喜歡衣索比亞料理。你做出結論：同樣的百分比在整個社區裡也成立。這個推論是一種**統計推廣**（statistical generalization），從你測試小量樣本所得到的前提，來論證支持對於一個較大群體的結論。這樣的推廣是歸納論證，因為這些論證並不打算要有效。這些測試樣本，顯然可能不符合整個社區的狀況。

接下來，你需要為你的菜單測試一些項目。你決定找朋友與鄰居試菜，但你不想找不喜歡土耳其料理的人試菜，因為他們反正就是不會到你的餐廳來。你想知道你餐廳南側的鄰居喜不喜歡土耳其菜。你對他沒有任何特別的認識，所以你做出結論：他有百分之六十的機率喜歡土耳其食物。這個論證可以被稱為一種**統計應用**（statistical application），因為這個論證把對於整體人口的一個推廣，應用在一個人身上。這論證是歸納性的，因為它顯然無效。舉例來說，如果你的鄰居剛好是個土耳其人，這個機率就可能是低估了。

你的餐廳終於開張了，不過沒有人來。為什麼沒有？解釋不可能是社區裡的人不喜歡土耳其料理，因為有百分之六十的人喜歡。解釋也不可能是你要價太高或者你的菜不好吃，因為潛在顧客還不知道你的標價或品質。解釋也不可能是缺乏廣告，因為你掛了很大的橫幅、做了花俏的網站，也在地方報紙上登了廣告。然後你聽說先前有人散播謠言，說你的餐廳裡到處都是蟑螂。是誰？沒別人有這個動機，所以你懷疑對街歷史比較悠久的餐廳老闆幹了這種事。這個結論有**最佳解釋推論**（inference to the best explanation）支持。這也是個歸納論證，因為前提給出一些相信你結論的理由，但你的懷疑可能還是錯的。

雖然氣餒，當你記起另一家土耳其餐館的故事時，你重燃希望：那家餐館開張第一個月很辛苦，但後來在有人嘗試過以後，生意就變得極好。另外那家餐館跟你的餐廳很像，所以你做出結論：你的餐廳很快就會有起色。這個**類比論證**（argument from analogy）是歸納性的，因為它顯然無效，但確實給人某種心懷希望的理由。

幸運的是，你的餐廳變得極其成功。顧客蜂擁而來。是什麼吸引他們到你的餐廳？為了找出這點，你稍微降了價，但對結果並無影響。然後你查詢你的紀錄，看顧客更常點哪些菜，但沒有哪個菜色特別突出。你的好奇心被激發了，所以你把菜單上的菜一一抽掉，觀察客群的改變。在你把烤羊雜（kokoreç）拿掉以後，顧客數量大減。烤羊雜是用羔羊或山羊腸包著調味羊心、肺跟腎做成的。你不知道本地人這麼喜歡內臟，但你的實驗支持結論：就是這道菜讓人來你的餐廳。這個**因果推論**（causal reasoning）是歸納性的，因為有可能別的事情才是原因，所以這個論證無效，但還是給你某種理由相信結論。

你因此把烤羊雜放回菜單裡。

一切進展順利——直到你的餐廳被打劫為止。唯一的目擊證人回報說，搶匪開著一台飛雅特離去。在愛丁堡只有很小比例（百分之二）的車子是飛雅特，所以證人的報告很令人驚訝，而你納悶地想，不知道能不能信任這個證詞。你跟警方評估在這樣的照明條件下，這位證人有大約百分之九十的時候會正確指認出一台飛雅特，而有百分之十的時間裡會把別的車誤認為飛雅特。這聽起來相當好了，但接著（用上貝氏定理），你計算出這個報告精確的機率低於六分之一[4]。證人誤認另一輛車是飛雅特的可能性是五倍之多。這個論證以實例說明了**機率推論**（reasoning about probability）。

這個故事可以繼續下去，但到此為止已經包括六種歸納論證：統計推廣、統計應用、最佳解釋推論、類比論證、因果推論與機率。每一個論證形式，在日常生活的許多領域中都很常見。每個論證形式都有自己的標準，可以執行得很好或很糟。每種論證形式都有自身獨有的特殊謬誤。我不會概述全部，反而會聚焦於幾種最重要的歸納論證[5]。

約會跟民意調查可能怎麼出錯？

對許多人來說，側寫與刻板印象有如詛咒。警察理應藉著觀察人做了什麼，而不是他們看起來什麼樣或身在何處，來選擇截停或逮捕的對象。在日常生活中，許多人立志達成馬丁．路德．金恩的夢想：「我有一個夢，夢想我的四個孩子有一天會活在一個不會以膚色評斷他們，而是以人格內涵來評斷他們的國家。[6]」我們全都希望被當成獨立個體來對待，而不是被看成團體成員。

儘管有這些希望與夢想，我們全都用對於團體的刻板印象，來預測其他人會怎麼行動。行銷專家利用對於團體的推廣概括，來預測哪些顧客會買他們的產品，就像我們的土耳其餐廳一樣。醫生利用風險因子——其中包括團體成員屬性——來推薦採用的藥物與手術。保險代理人根據個別客戶是否屬於會讓保險公司花費昂貴費用的團體，做為個別客戶的收費基準。大學以申請者的成績為基準，來決定收哪些人。我們希望這些專業人士不會按照膚色來判斷顧客、病患、客戶或申請者，但他們也不會把他們的決策基準放在這些人的人格內涵上。他們不能這樣做，因為他們對這些人的人格所知不足。

在許多脈絡下，要是沒有刻板印象，很難看出我們能怎麼辦。如果我完全不認識某人，卻需要迅速做個決定，那麼我能用的唯一資訊，就是我能迅速觀察到的事情。舉例來說，如果在酒吧裡有個陌生人偶然跟我相處了幾分鐘，然後提出要請我喝一杯或吃晚餐，那我需要決定是否要信任這個陌生人。他打算幹什麼？如我們先前所見，夏洛克．福爾摩斯或許能夠從這個陌生人身上歸納出很多事，但我們大多數人別無選擇，只能仰賴我們基於有限經驗得出的不精確推廣原則。無論我們是否接受陌生人的邀約，我們全都會這麼做。

這些例子完全仰賴論證。首先，這些論證從某團體的樣本得來的前提加以推廣，**得出**關於整個團體的結論。第二，它們應用結果產生的推廣原則，**逆推出**關於個體的結論。這兩階段可以被描述成推廣與應用。

推廣

這些論證形式中的每一個，都引進了無數的錯綜複雜之處。連這種推論形式中最成熟細緻的一個，都可能出大錯。只要回憶一下英國脫歐公投、還有美國二〇一六年總統大選的政治民調犯下的驚人錯誤，就知道了。在那些例子裡，就連有大量資料的專業統計學家都錯得離譜。為了避免這樣的錯誤，還要完全理解統計推廣與應用，我們全都需要在統計學與機率方面多上幾門課，接著還要收集高品質的大量資料。誰有這種時間？幸運的是，有個簡單的例子可以說明幾種常見的方法與錯誤，卻不必進入技術細節。

想像一下，你正在尋找一位會跟你一起打高爾夫球的男性人生伴侶，而你對線上約會網站很好奇。你進入一個網站，隨機挑了十個潛在約會對象，然後問他們每一位過去六個月內有多常打高爾夫球。其中只有一個人回報說過去六個月內有打高爾夫球。你推論，你的樣本裡只有百分之十過去六個月內打過高爾夫球，所以大約百分之十的線上約會服務使用者打高爾夫球。這個論證是一個統計推廣，因為此論證是從關於一個樣本（你問過的十個人）的前提，推得一個關於整個團體（線上約會網站使用者）的結論。

第二天，這個網站的某個使用者聯絡了你。你決定不回，因為你推論如下：「這個人用線上約會網站，而只有百分之十的線上約會網站使用者打高爾夫，所以這個人可能不打高爾夫——或者更精確地說，這個人過去六個月內打過高爾夫的機率只有百分之十。」這個論證是一種統計應用，因為這論證把包括整個群體的推廣，應用在關於這位特定使用者的結論上。

這兩個論證都是歸納性的，因為它們顯然並非有效論證。有可能你的樣本裡可能只有百分之十打高爾夫，卻有更多的線上約會服務使用者打高爾夫。也可能有百分之十的線上約會服務使用者打高爾夫，但這個人打高爾夫的可能性卻更高。因為這些可能性太過明顯了，這個論證可能不打算要有效。

這些歸納論證有多強？這就看在既有前提之下，結論成立的機率多高。要評估這一點，我們需要問一連串的問題，來確定每個論證可能怎麼走偏。

對於推廣，第一個要問的問題是前提是否為真。你的十人樣本裡，只有一個人在過去六個月打過高爾夫嗎？就算只有一個人回報那時打過高爾夫，也許他們之中有更多人打高爾夫，只是選擇忽略這個問題；或者也可能他們有打高爾夫，卻忘記了；或者可能他們否認打過高爾夫，因為他們以為你問這個問題，是為了篩選掉太常打高爾夫的約會對象。線上約會網站的人並不總是值得信任。多麼令人驚訝啊！

第二個問題是，你的樣本是否夠大。最好問十個人而不是只問三個人，如果你問了一百人就更好，雖然要收集到這麼大的樣本需要花很長時間。所以說十人樣本讓你的論證有某種強度，卻不是太強。這樣夠不夠強，要看風險多大。如果樣本太小，那麼這個論證就犯下一種稱為**輕率概化**（hasty generalization）的謬誤。

第三個問題是你的樣本是否有偏向。你尋求的特徵出現在樣本中的比率，明顯高於或低於該特徵在整個團體中出現的比率時，這個樣本就是有偏向的。請注意，就連一個很大的樣本（像是一百個或一千個線上約會者）都可能有偏向。如果大多數打高爾夫球的人都用另一個不同的線上約會網站，減少了你取樣的這個網站中高爾夫球玩家兼使用者的數量，這個偏向就可能發生。這時對於一般而言有多少線上約會服務使用者打高爾夫，你不該用你的樣本做出任何結論。就算你只對這個特定網站感興趣，如果你的申請表格裡提到你打高爾夫，網站又用這個資訊來建議可能的聯絡對象，你的樣本就可能有偏向。這時你接收到的名字，可能就包含比整個網站常態下更多的高爾夫玩家。或者這個網站可能只發給你本地用戶的名字，而你可能住在一個高爾夫玩家比其他地區更少

（或更多）的地區。

另一種讓你的樣本出現偏向的方式，是問出有引導性或者誤導性的問題。如果你問的是：「你會願意打高爾夫嗎？」給出肯定答案的百分比可能會更高得多，而如果你問的是：「你熱愛高爾夫嗎？」肯定答案的百分比則會低得多。為了避免把你的調查結果推向某一個方向，你問道：「在過去六個月裡你有多常打高爾夫？」這個問題看似中立，仍然可能有隱藏的偏向。如果你在四月份問，許多碰到下雪天的高爾夫玩家確實六個月沒打高爾夫了，雖然在融雪之後，他們的高爾夫球場開張了，他們就會盡可能多打球。為了避免這種問題，你應該問的是一整年。或者他們可能真的喜歡打高爾夫，但他們沒有同伴可以一起打，所以他們也在尋找打高爾夫的伴侶。那麼你就應該問，他們是否想打高爾夫。推廣的結果，通常受到用來取樣的問題影響。

整體而言，每個從一份樣本得出的歸納推廣都需要達到幾項標準。首先，前提必須是真的。（這不是廢話嗎！這點很明顯，但人常常會忘掉。）第二，樣本必須夠大。（這也很明顯啊！但人鮮少費事去問樣本到底有多大。）第三，樣本需要沒有偏向。（偏向通常沒那麼顯而易見，因為偏向是隱藏在取樣方法裡的。）如果你養成習慣，每次碰到或者提出一個歸納推廣時，就問問全部三項標準是否都達到了，你就不會那麼常被愚弄。

應用

下一種歸納法把推廣回推應用到個體之上。我們的例子是這個論證：「這個人使用某一個線上約會網站，而只有百分之十線上約會網站使用者打高爾夫，所以這個人可能不打高爾夫。」這個論證有多強？

一如往常，你需要問的第一個問題是論證前提是否為真。如果不是（而且你竟然知道這點），那麼這個論證就不會給你相信結論的強烈理由。但讓我們假定這些前提為真吧。

你也需要問百分比是否夠高（或低）。如果論證的第二前提引用的數字是百分之一而非百分之十，會提供一個比較強的理由來支持結論，而如果第二前提引用的數字是百分之三十而非百分之十，支持結論的理由就比較弱。而第二前提如果是百分之九十的線上約會者都打高爾夫，那就會提供強烈理由支持相反的結論：這個人可能確實打高爾夫。這些數字會影響這種歸納論證的強度。

另一種錯誤比較細微，而且相當常見。要是在約會網站上聯絡你的人之所以這麼做，是因為你的簡介裡提到高爾夫呢？再加上這一點：因為別人簡介裡提到高爾夫而聯絡對方的用戶，有百分之八十自己就是高爾夫玩家。我們可以把這個新資訊併入一個衝突的統計應用中。這個人聯絡你，是因為你的簡介裡提到高爾夫，而百分之八十因為別人簡介裡提到高爾夫而連絡對方的用戶，自己就是高爾夫玩家，所以這個人可能打高爾夫——或者更精確地說，有百分之八十的機率，這個人是打高爾夫的。

現在我們手上有結論針鋒相對的統計應用。第一個說這個人可能不打高爾夫。第二個說這個人可能打高爾夫。哪一個比較精確？我們應該信任哪一個？我們要注意的關鍵性差異是，這些論證引用了不同的類別，稱之為**參照類別**（reference classes）。第一個論證引用的是線上約會網站用戶這個類別內的百分比，而第二個論證引用的百分比，則是來自另一個類別：某一群特別的約會網站用戶，這些用戶會聯絡簡介裡提到高爾夫的人。後面這個類別比較小，而且是前面那個類別的真子集（proper subset）。在這種例子裡，如果假定前提為真而且同樣得到證成，參照類別範圍較窄的論證通常會提供比較強的理由，因為其中的資訊更具體針對眼前的狀況。

把推廣應用在個體結論上的人，通常會忽略互相衝突的參照類別。這種錯誤加上輕率概化謬誤，在幕後支持一大堆刻板印象與偏見。在某些狀況下，我們全都仰賴推廣與刻板印象，但對於弱勢與易受傷害的族裔、種族與性別團體犯下的錯誤，可能會特別有傷害性。一個偏執頑固之人可能碰上一個族裔團體裡愚蠢、暴力或不誠實的成員；每個團體裡都有爛蘋果。這個偏執之人接著就輕率概化出這個結論：這個族裔團體裡的每個人都一樣愚笨、暴力或不誠實。然後這個偏執之人碰到那個族裔團體裡的新成員，接著應用了這個輕率概化結果。他做出結論：這個新出現的個體也愚笨、暴力或不誠實，卻沒考量到事實上這個新個體也有其他特質，指出他有才智、奉行和平主義、為人誠實。偏執者採用小樣本，而且沒考量到範圍這樣狹窄的衝突參照類別，顯示出糟糕的推論如何能夠扮演某種角色，讓人產生偏見並加以維持。當然，糟糕的推論還不代表全盤真相，因為情緒、歷史與自私自利，也會替固執偏見火上加油，但我們還是能夠藉著避免歸納論證上的簡單錯誤，降低某種程度的偏見。

為什麼會發生那種事？

我們的下一個歸納推論形式是最佳解釋推論。這可能是所有形式中最常見的。在一個蛋糕發不起來的時候，麵包師傅需要弄清楚這個災難的最佳解釋。在一個委員會成員沒有出席會議的時候，同事想知道這是為什麼。早上一輛車發不動，車主需要找到最佳解釋，以便弄清楚要修哪個部分。這種歸納論證，也是偵探（像夏洛克．福爾摩斯）用來抓罪犯用的。偵探對於是誰犯案推論出一個結論，因為這個結論最能夠解釋他們對於犯罪現場、嫌犯與其他證據所做的觀察。許多犯罪推理劇，實際上就是漫長的最佳解釋推論。科學也假設出理論來當成實驗觀察結果的最佳解釋，就像牛頓假設出重力來解釋潮汐，或者古生物學家假設有隕石來解釋恐龍的滅絕。這些論證共享了一種特定形式：

（1）觀察：某些令人訝異的現象需要得到解釋。
（2）假說：一個特定假說解釋了（1）中的觀察。
（3）比較：（2）裡的解釋比任何對於（1）的其他解釋更好。
（4）結論：（2）裡的假說是正確的。

在我們的例子裡，（1）中的觀察是發不起來的蛋糕、錯過會議的同事、發不動的車子、發生的罪行、升起的潮汐與消失的恐龍。接下來每個論證都需要跟一組競爭假說做比較，再加上偏愛其中一個解釋的某些理由。

最佳解釋推論顯然並非有效論證，因為在前提（1）到（3）為真的時候，結論（4）有可能是假的。然而缺乏有效性是一種特徵，不是一種瑕疵。最佳解釋推論並不打算要有效，所以批評這些推論無效並不公平——就好像批評一輛腳踏車不能在海水裡運作一樣地不公平。

最佳解釋推論仍然需要達到其他標準。在任一前提為假時，這些論證就可能走偏。有時候最佳解釋推論是有缺陷的，因為前提（1）裡的觀察並不精確。在血跡其實是甜菜根汁的時候，偵探企圖解釋車座椅上的「血跡」就可能被誤導。在前提（2）其實沒有解釋到觀察內容的時候，最佳解釋推論也可能出錯。你可能認為你的車子發不動是因為沒油了，而實際上起動器根本還沒開始運轉，缺油根本無法解釋這個觀察，因為起動器在沒油的時候也會運轉（但在電路系統失效的時候就不會了）。或許最佳解釋推論最常見的問題，是在前提（3）為假的時候：要不是因為另一個互相競爭的假說比論辯者認為的要來得好，就是因為論辯者忽略了有另一個假說提供更好的解釋。你可能認為你的同事錯過會議是因為她忘記了，而她其實是在來開會的路上被車撞了。這樣的錯誤可能導致後悔與致歉。

整體而言，某些最佳解釋推論可以提供很強的理由讓人相信結論，就像偵探提供了超越合理懷疑的證據，指出被告有罪。相較之下，其他最佳解釋推論卻敗得很慘，像是把甜菜根汁誤當成血液。為了決定一個最佳解釋推論有多強，我們需要仔細看清每個前提，還有結論。

海珊的管子

讓我們用一個爭議性的例子來試試看。某些最重要的最佳解釋推論，在背後支持著政治決策，像是美國決定對伊拉克宣戰。二〇〇三年二月五日，美國國務卿鮑威爾（Colin

Powell）在聯合國安理會前作證時，提出這個論證：

海珊下定決心取得核彈。他非常堅決，以至於暗中反覆嘗試從十一個不同國家取得高規格鋁管……這些鋁管的用途為何，是有爭議的。大多數美國專家認為，這些鋁管是要做濃縮鈾用的離心機轉子。其他專家還有伊拉克人自己，則辯稱鋁管其實是要製造一種傳統武器，多管火箭砲的火箭箭身……首先，讓我覺得很古怪的是，這些鋁管的製造容限，遠超過美國對於可比較同類型武器的要求。也許伊拉克人只是對傳統武器製的造標準要求高於我們，但我不這麼認為。其次，我們實際上檢查過一些不同批次的鋁管，是在它們抵達巴格達前祕密扣押下來的。我們在這些不同批次中，注意到規格要求水準逐漸變得愈來愈高……如果這是火箭，他們為什麼要為了發射後會很快炸成碎片的東西不辭辛勞，持續精緻化規格？……這些非法採購的努力，顯示出海珊十分專注，致力於補足他的核武計畫中關鍵的失落碎片：製造可裂變物質的能力[7]。

當然，我並沒有為這個論證背書。有許多理由可以懷疑此論證的前提與結論，尤其是在有了我們後來得知的資訊之後。我的目標只是要理解這個論證。

要理解鮑威爾的論證，最自然的方式是當成最佳解釋推論。他提到一個需要被解釋的驚人現象，並且比較了這個現象的三種潛在解釋，所以他的論證乾淨俐落地符合前述的形式：

（1*）**觀察**：海珊暗中反覆嘗試取得日漸精緻化的高規格鋁管。

（2*）**假說**：海珊自造可裂變物質並用來製造核彈的欲望，可以解釋為什麼他嘗試（1*）中描述的事情。

（3*）**比較**：對於（1*）之中的觀察而言，（2*）的解釋比任何其他解釋都來得好，包括海珊宣稱想製造傳統火箭箭身、還有伊拉克的製造標準較高。

（4*）**結論**：海珊想製造核彈用的可裂變物質。

鮑威爾還補上更多內容來支持他的前提，但讓我們先從核心論證（1*）到（4*）開始。重建這種形式的論證，應該揭露或澄清論證前提如何共同運作，來提供某種理由相信論證的結論。但這個理由有多強？要評估這個論證的強度，我們需要仔細討論這些前提與結論。

前提（1*）引起幾個問題。海珊設法取得的鋁管規格到底多高？我們怎麼知道他堅持這種高規格？他做過多少嘗試？是在多久以前？這些「暗中」嘗試的意思是瞞著所有人，還是只瞞著美國？為什麼他要隱瞞？雖然這樣的問題很重要，鮑威爾很可能答得出來，而他確實在證詞的其他部分引述了海珊做出這些嘗試的證據，所以在此把注意力集中在他的其他前提上，是合理的。

前提（2*）補充說明，海珊想要製造核彈所需的可裂變物質，能夠解釋（1*）中的現象。這是有道理的。想要製造可裂變物質的人，會想要取得製造這類物質的必需品，而高規格鋁管是製造可裂變物質所需要的。的確，只有核彈用的那種可裂變物質才需要這樣高規格，而除了做核彈以外，這種可裂變物質沒什麼用處。至少這是鮑威爾假定的。

最嚴重的問題出在前提（3*）。這個前提比較了鮑威爾在（2*）中偏愛的解釋，還有另外兩個競爭解釋：想要製造傳統火箭箭身，還有伊拉克製造火箭的標準較高。鮑威爾把重點放在火箭箭身，因為這個解釋是海珊自己提供的。如果有任何其他解釋跟鮑威爾在（2*）中偏愛的解釋一樣強，鮑威爾的論證還是會失敗，所以我們需要同時考慮另外兩種選項。

為了批評依據傳統火箭提出的其他解釋，鮑威爾提出這個口頭上的問題：「如果這是火箭，他們為什麼要為了發射後會很快炸成碎片的東西不辭辛勞，持續精緻化規格？」他在此指出的論點是，根據傳統火箭提出的解釋，沒能解釋後續的精緻化過程，因為火箭不需要這些精緻化，同時他偏愛的核彈解釋則成功地解釋了這些附加的觀察。這個說法能夠解釋更多觀察結果，理應讓他的解釋顯得更好。

這種增加的解釋力，是偏愛某個解釋勝過另一個解釋的共同理由。假定「葛瑞戈殺死瑪克欣」的假說，解釋了謀殺現場外的靴印為何是十四號，因為葛瑞戈穿十四號的靴子，但這個假說無法解釋為什麼那些靴印有獨特的足印花紋，因為葛瑞戈沒有一雙靴子有那種足印花紋，那麼這個解釋就不像「伊凡殺死了瑪克欣」那個假說那麼好了——如果說伊凡的尺寸是十四號，而且也有雙靴子具備那種獨特的足印花紋。我們偏好解釋了更多事的假說。鮑威爾只是把這個普遍原則用在鋁管的例子上。

這個論證仍然受制於許多反駁意見。批評者可以否認或懷疑伊拉克確實持續在精進這些規格，在這種狀況下，就沒有需要解釋這一點了。或者他們可以回答，這些持續精緻化對傳統火箭來說是有需要的，所以另一種假說確實解釋了觀察結果。為了避免這些反駁，鮑威爾需要上述段落裡未包含的背景論證。然而就算沒有再挖深一些，我們的重建也已經至少標定兩個要進一步探索的議題。

鮑威爾提到的另一個選擇是，「伊拉克人只是對傳統武器製造的標準要求高於我們」。在此鮑威爾似乎話裡有話。這就是為什麼他認為回應中只要說「我不這麼認為」就好。這種冷嘲熱諷的自信，似乎建立在這個假設上：美國製造至少跟伊拉克製造一樣要求精確。這個假設可能對這群閱聽眾來說很明顯，但很驚人的是，鮑威爾沒有明確給出任何理由，來支持他自己的解釋比另外一種解釋更好。

沒用論證就忽略或打發掉別種解釋，並不總是會變成問題。有些其他的解釋太明顯不合適，以至於不值得花任何力氣去反駁。每個最佳解釋推論都得要長得惱人，才能夠處理每個其他的愚蠢選項。雖然如此，在此沒有提出論證反駁另一個選項，確實削弱了這個論證的潛在閱聽眾。這樣的論證無法打動有任何傾向於接受另一種解釋的人。

鮑威爾論證中最嚴重的弱點，不在於他確實提到的其他選擇，而在於他**沒有**提到的其他選擇。最佳解釋推論普遍有這個問題。就回想一下任何一個謀殺謎團，在偵探認為他們已經破案以後，又出現新的嫌疑犯。同樣這種可能性可以損害鮑威爾的論證，但在此的「嫌疑犯」指的是假說。為了反駁他的論證，鮑威爾的對手所需要做的，就是拿出一個其他可行假說，對於相關資料的解釋力至少跟鮑威爾的解釋一樣好。

請注意，對手不必拿出更好的其他選擇。如果他們**想要**證明他並沒有證成他的結論，他們只**需要**證明有個其他選項至少跟他的假說一樣好。如果兩個不同解釋不相上下，並列第一，那麼鮑威爾的論證就無法決定這兩個最佳解釋中哪一個才正確。在這種狀況下，鮑威爾的對手就贏了，因為是鮑威爾要設法論證支持其中一方更勝另一方。

不過，即使要想到一個像樣的其他選項可能還是很難。也許海珊被咋可裂變物質的外星人控制了，但他自己並不想要那些東西。如果我們無法偵測是否有這種外星人出現，你不可能否證另外這個假說。儘管如此，這些外星人會違背早已確立的物理定律，所以我們多的是理由認為這個假說太傻而加以排除。稍微更現實一點的話，也許海珊有強迫症，這就是為什麼他持續要求規格更精緻的鋁管。然而他在生活的其他領域裡，並沒有展現出強迫症的病徵，所以並沒有獨立證據指出他有這種心理違常（雖然他也許有其他毛病，像是自戀）。很清楚的是，像這樣的假說，甚至不算是像樣的解釋。

我們真正需要的、像鮑威爾的解釋一樣合乎現實的好解釋，是某種常見而看似可信的動機，會讓海珊設法讓鋁管愈來愈精緻。這個嘛，也許他想用這些鋁管來製造某種無害之物。也許吧，但在我們讓這個假說更具體以前，它缺乏解釋力——也就是解釋不了太多事情。需要這種精緻鋁管才能製造的是哪種產品？海珊計畫用這些鋁管製造某種其他產品的假說，也無法解釋為什麼海珊只提到傳統火箭來為自己辯護。而鮑威爾已經拒絕火箭假說了。

所以要想出任何跟鮑威爾一樣好的解釋，少說也是不容易的。當然，這種困難可能是因為我（還有你？）缺乏關於火箭、可裂變物質與伊拉克製造業的知識。就算我們無法想到任何可行的其他選項，還是可能有某種解釋跟鮑威爾的解釋一樣好。儘管如此，在缺乏這種選擇的時候，鮑威爾的論證確實給我們某種理由，去相信他的結論。

然而在我們仔細檢視這個結論時，其他問題出現了。最佳解釋推論的結論，理應跟解釋觀察內容的假說一樣。然而使用這種論證的人，通常會在他們的結論裡做出細微的改變。在此也發生了。首先，海珊取得鋁管的嘗試發生在過去。對於這些嘗試所做出的解釋，是海珊過去做出這些嘗試時的欲望。然而結論卻是關乎現在：海珊現在想要——而不是過去想要——製造核彈所需的可裂變物質。鮑威爾用現在式來取代過去式！而且，這個現在式是關鍵性的。鮑威爾想要證成在他作證之後迅速入侵伊拉克。如果海珊過去曾經想要可裂變物質，現在卻不再想要了，他的論證就不會奏效。所以鮑威爾至少欠我們一個相信海珊沒有改變想法的理由。

同樣地，要是海珊還是想要核彈用的可裂變物質，但他沒什麼機會或者根本不可能拿到任何想要的東西呢？滾石合唱團又說對了：你無法總是得到你想要的。這樣的話，海珊想要核彈用可裂變物質的結論，就不太足夠證成入侵伊拉克了。有許多其他世界領袖也想要核彈，但美國並沒有合理理由入侵所有這樣的國家。入侵行動只有在避免某種傷害或危險的時候才能被證成，但光是想要核彈卻沒有任何機會滿足這種欲望，並不會有傷害性或危險性——或者至少這種傷害性跟危險性不足以證成入侵行動。所以要相信海珊很有機會得到核彈，鮑威爾還欠我們某種理由。

這些缺口顯示鮑威爾的論證充其量只能說是不完整的。跟之前一樣，我在此的工作不是決定他是否正確，更不是決定美國入侵伊拉克是否名正言順。我懷疑這一點，有部分原因在於我們在中間這幾年裡得知的事情，不過在目前的脈絡下這並不重要。我的目標只是更理解鮑威爾跟他的論證。承認他論證中有這些缺口，跟承認他的論證仍舊達成了某種目的，是完全相容的：這個論證給我們某種理由相信結論——海珊過去想要製造核彈用的可裂變物質。就如同許多論證的狀況一樣，如果我們同時承認某個論證的成就及其限制，我們對這個論證的理解就更完整。

這個範例也教給我們其他的教訓。鮑威爾的論證顯示，最佳解釋推論就算在不完整或更糟的狀況下，還是可以有很重要的影響。就像其他論證，最佳解釋推論可以在沒有得到證成的狀況下說服人。我們全都需要學習怎麼樣評估最佳解釋推論，以便避免這樣的錯誤，還有隨之而來的全部代價。

PART 3

如何不去論辯
How Not to Argue

CHAPTER 10

如何避免謬誤
How to Avoid Fallacies

有好消息也有壞消息。好的論證是寶貴的，但壞的論證可能有毀滅性，就像我們在鮑威爾對聯合國提出的證詞裡所見。在沒那麼極端的例子裡，壞論證可能誤導我們把錢浪費在多餘的保險或不可靠的二手車上，相信童話故事跟妄想，採用毀滅性的政府計畫，又不採用有建設性的政府計畫。這些危險，讓辨識與避免壞論證變得很重要。

壞論證很顯然可以是有意或無意的。有時候講者提出他們**自認**為好的論證，雖然他們的論證其實很差。這些壞論證是出於錯誤。在其他狀況下，講者知道他們的論證不好，但他們無論如何還是採納了，用來愚弄其他人。這些做法是詐術。兩種狀況下的論證可能一樣糟；唯一的差別在於論辯者的自覺與意圖。偵測出這兩種狀況下的謬誤，是很重要的。

這些特質與壞論證的多樣性，預先阻絕了任何完整的調查，但許多壞論證確實落入稱為**謬誤**的常見形式中。我們已經看到幾個常見謬誤，包括在演繹論證裡的肯定後件與否定前件，再加上在歸納論證中的輕率概化，還有忽略衝突的參照類別。當然，無論論證形式如何，假前提都可以讓一個論證變成壞論證。

這一章會多介紹幾種常常讓人誤入歧途的謬誤。我會聚焦在特別常見的三組普遍謬誤。

你是什麼意思？

我們的論證定義揭露的不只是論證的目的與形式，也包括它們的素材：論證是以語言造成的。前提與結論兩者都是用某種語言的直述句表達的命題。所以這應該不算意外：在語言崩潰時，論證也分崩離析，就像製作橋梁的素材要是有縫隙，橋梁就會崩壞。

語言可能以許多不同方式出現裂隙，但在此最常見而重要的兩種缺陷，是含糊（vagueness）與模稜兩可（ambiguity）。**含糊**發生在詞彙或句子在脈絡中不夠精確的時候。在尋寶遊戲中，如果玩家不知道能不能靠著交出一個身高算是超出平均值的人來贏得遊戲，「找高高的東西」這樣的指示就太過含糊了。相對來說，**模稜兩可**是發生在一個詞彙有兩種不同意義，卻不清楚講者指的是哪一個的時候。如果我答應跟你在bank旁邊相見的時候，我最好告訴你我指的是商業銀行還是河堤。有時候單獨一個詞彙就可以同時既含糊又模稜兩可——就像河堤盡頭在何處很重要的時候。

報紙標題充滿了模稜兩可的狀況。我最喜愛的例子之一是「Mrs. Gandhi Stoned in Rally in India」（「甘地夫人在印度集會活動中被人丟石頭」或「甘地夫人在印度集會中嗑嗨了」）[1]。是的，有份報紙實際印出這種標題。這可能意謂者群眾對甘地夫人扔石頭，或者她嗑了讓她昏沉的藥。你得讀了文章才知道。我的另一個最愛是「Police Kill

Man With Axe」（「警察殺死攜斧男子」或「警察攜斧殺死男子」）。在此問題不在於像是stoned這樣單單一個詞彙的意義改變，反而是男子可能「攜斧」或者警察可能「攜斧」。文法或語法結構創造出這類的模稜兩可時，就稱為**歧異句構**（amphiboly）。任何一種模稜兩可都不只能夠在報紙標題上、也能夠在笑話裡製造出娛樂效果，像是「我很納悶為什麼飛盤愈變愈大，然後它就打中我了／然後我就懂了。（I wondered why the Frisbee was getting bigger, and then it hit me.）[2]」

這樣的模稜兩可，可能毀掉論證。想像某人論辯說：「我的鄰居找了個朋友共進晚餐／我的鄰居吃了個朋友當晚餐。（My neighbour had a friend for dinner.）任何吃朋友當晚餐的人都是食人者。食人者應該被懲罰。所以，我的鄰居應該被懲罰。」這個論證是謬誤的，但這是為什麼？這個論證的第一前提，似乎意謂著我的鄰居邀請一個朋友到他家來吃晚餐。相對來說，第二前提指涉到的是把朋友當成晚餐吃的人。這些前提使用的是「had a friend for dinner」的不同意義。而要是整個論證在兩個前提上都堅持使用同一意義，那麼其中一個前提就明顯為假了。如果第一前提的意思是我的鄰居吃朋友當晚餐，那麼它就不是真的（我希望如此）。第二前提如果指的是找朋友到自己家來吃晚餐的人，那第二前提就不是真的。所以，這個論證在任何一種詮釋下都不成立。這個謬誤稱為**一詞多義**（equivocation）。

一個更嚴重的例子是一個流傳甚廣的論證：同性戀是不自然的，所以一定不道德。這個論證顯然仰賴一個被抑制的前提：不自然的事物就是不道德的。補上額外的前提之後，這個論證看起來像這樣：(1)同性戀是不自然的。(2)一切不自然的事物都是不道德的。所以，(3)同性戀是不道德的。

這個論證的力道，仰賴的是「不自然」這個詞彙。「不自然」在此的意思是什麼？這可能意謂者同性戀者違反自然律，但這不可能是正確的。同性戀不是一種奇蹟，所以如果「不自然」是這種意思，前提(1)必定為假。前提(1)反而可能意謂者同性戀是不正常的，或者是自然界通則中的例外。這個前提之所以為真，就只因為同性戀在統計上並不尋常。但眼前的前提(2)是真的嗎？統計上不尋常，有什麼不道德的？會彈西塔琴或者保持單身也不尋常，但彈西塔琴跟單身並不是不道德的。根據第二個詮釋，前提(1)可能意謂者同性戀是人工的，而不像「全天然」成分的飲食那樣，全然是自然的產物。然而話說回來，這又有什麼錯？某些人工成分味道很好，而且對你也很好。所以根據這種詮釋，前提(2)又是明顯為假。

這些批評同性戀的人可能指的是某種更精緻的說法，像是抵觸演化目的。這種詮釋更寬大，也更可信。他們的想法可能是：對抗演化是危險的，就好像有人企圖用鐵鎚把釘子敲進自己腦袋裡那樣，因為我們的頭可不是演化出來要打釘子的。這個原則，再加上補充前提——性器官的演化目的是生育子女，同性戀者卻是為了生育子女以外的目的，使用他們的性器官——可能看似支持同性戀危險或不道德的結論。

同性戀者與他們的盟友能夠怎麼回應這個論證呢？首先，他們可以否認性器官唯一的演化目的是生育子女。對於異性戀跟同性戀來說，性都可以帶來歡愉並表達愛意，這也是我們演化的成果。這些其他的目的沒有什麼不自然之處；性可以為許多演化上的目的服務。其次，同性戀的辯護者可以否認「身體器官用在演化目的以外，總是危險或不道德的」。我們的耳朵不是演化來掛珠寶的，但這樣並沒有讓戴耳環成為不道德的事。同理可證，同性戀者沒把性器官用在演化目的上，並不表示同性戀有任何不道德之處。

最後，這個論證可能使用「不自然」指涉像是「與上帝對自然界的計畫、意圖或設計相反」之類的事情。這一步的主要問題，在於顯示出為什麼同性戀的辯護者應該接受前提（1），這個前提現在主張同性戀跟上帝的計畫或設計相反。許多同性戀的批評者接受這些假設，但他們的對手並不接受。因此，這個論證本來應該對還不同意其結論的人發揮什麼樣的力量，並不清楚。

所以整體而言，「同性戀不道德，因為同性戀不自然」這個論證，因為論證核心模稜兩可而受到損害。這個論證犯了一詞多義謬誤。這個批評並沒有終結討論。論證辯護者仍然可以設法回應：提出「不自然」的不同意義，讓論證前提為真而且得到證成。另一種選擇是，同性戀的反對者可以轉向一個不同的論證。但他們需要有所作為。提出證明的責任在他們身上。如果這個論證有一詞多義的問題，他們就無法仰賴這個簡單論證的現有形式。

這個例子闡明了每次我們懷疑出現一詞多義謬誤的時候，都應該提出的一個問題模式。首先要問哪個詞彙似乎改變了意義；接著問這個詞彙可能有哪些不同的意義；然後具體指出這個詞彙每次在論證裡出現時的其中一個詞意。再來，問這個前提到頭來是不是真的，是不是還提供足夠理由，支持這個詞意詮釋下的結論。如果其中一個詞意詮釋產生了一個強有力的論證，那一個詞意就足以讓論證奏效。但如果這些詮釋沒有一個能產生強大的論證，那這個論證就犯下了一詞多義謬誤，除非你就只是沒找到能拯救這個論證的詞意。

愈滑愈遠*

語言缺乏清晰性的第二種方式，是含糊性。在哲學中探究含糊性的文獻很龐大[3]，

* 譯注：「愈滑愈遠」（Slip Sliding Away）是美國一九六〇年代流行樂團賽門與葛芬柯（Simon & Garfunkel）的名曲。

其中討論了像是多少沙粒算是一堆沙之類的「急迫議題」。含糊性也天天引起實用上的問題。

我的朋友們常常遲到。你的朋友們不會嗎？假設瑪莉雅同意大約正午跟你見面吃午飯，而她在中午之後一秒抵達。這樣仍然算是大約正午，不是嗎？要是她在正午後兩秒抵達呢？那樣還是大約正午是吧？三秒呢？四秒呢？如果她在正午之後三十秒抵達，你不會指控她遲到，對吧？進一步說，多個一秒鐘不可能對她是否遲到有影響。聲稱過正午五十九秒不是遲到，但過了六十秒**就算是**，這不太可信。現在我們有了個悖論：瑪莉雅如果在正午後一秒抵達不算遲到。如果她還沒有遲到，多個一秒鐘也不可能讓她遲到。這些前提加起來，意謂者就算她在正午後整整一小時才抵達也不可能遲到，因為一小時就只是一連串的比一秒鐘再多一秒鐘。問題在於這個結論明顯為假，因為她如果在正午後一小時才到，她肯定是遲到了。

悖論之所以產生，有一部分是因為我們從「大約正午」這個含糊的詞彙起頭。如果瑪莉雅同意在中午以前跟你見面，就不會有什麼悖論了（或者會比較少）。但那就是重點。含糊性導致悖論，而我們無法避免在我們的日常言論中使用含糊的字詞，所以我們能怎麼避開悖論呢？我們避不了。

這個悖論重要嗎？如果我們想要從理論上理解含糊性，就很重要。含糊性在實際層面上也很重要——如果瑪莉雅遲到得厲害，我們需要決定要抱怨、離開或者不等她就點午餐。這樣的行動在什麼時候會變得有合理性？我記得我坐了好幾分鐘，納悶這個問題。

無論我們等了多久，某些結論是我們肯定不該達到的。有好幾個哲學家論辯說，實質上來說從沒有人真的遲到過，因為並沒有某個精確時間點，是某人開始遲到的時間點（至少在他們答應大約正午抵達的時候是這樣）。也有某些人做出結論，說準時與遲到之間並沒有真正的差別。這種推論是一種**概念性**的滑坡論證。這樣讓準時變得無可避免，因為你永遠不可能真正遲到。

另一種不同的滑坡不是聚焦於概念，而是聚焦於因果效應。**因果性**的滑坡論證主張，一個在其他方面清白無害的行動，可能會領著你滑下一個以災難作結的滑坡，所以你應該不要採取第一個行動。如果瑪莉雅晚一分鐘抵達，而且無人抱怨，那麼她的一點點拖沓也許會讓她下次更可能晚個兩分鐘，再來是晚三分鐘，然後是晚四分鐘等等。像這樣的滑坡導致壞習慣。

我們要怎麼處理這些問題？我們劃下界線。如果瑪莉雅開始太晚才出現，那我們可能會告訴瑪莉雅：「你如果在十二點十五分以前沒到，我就會離開。」我們也必須把這個威脅付諸實現，如果瑪莉雅被警告過了，這麼做也沒什麼錯處。這麼獨斷可能看起來很有問題。然而，挑中十二點十五分而不是十四分或十六分雖然可能顯得獨斷，我們還是確實有理由劃下某條界線（要不然我們還能怎麼阻止瑪莉雅愈來愈晚現身？），而我們也有理由把我們的界線確定在某個區域裡（在十二點零一分以後，在一點之前）。我們在限制之間劃下界線，解決了滑坡論證的實際問題，就算這些理由還是讓很多哲學議題懸而未決。

愛遲到的朋友很惱人，但其他滑坡論證引起更嚴肅得多的問題，像是酷刑折磨。酷刑折磨幾乎在所有狀況下都不道德，但防衛用語「幾乎」是關鍵。無用的折磨沒有合理理由，就像在阿布格拉布監獄（Abu Ghraib）的事件一樣，但某些倫理學家替有可能避免極端傷害的酷刑做辯護（像是有定時炸彈正在滴答作響的狀況）。想像警察抓住了一位公認的恐怖分子，他安裝了一顆定時炸彈，如果不拆，可能很快就會殺死許多人。只有在恐怖分子告訴他們炸彈在哪的狀況下，警方才能阻止屠殺，他卻拒絕吐實。如果他們對他施加足夠的痛苦，像是處以水刑，有某種機率他會揭露炸彈的所在地點。

這樣的例子是有爭議性的，不過此處重點只是爭論雙方的常見論證都仰賴含糊性與滑坡。其中一個灰色地帶，是炸彈爆炸後會受到傷害的人數。證成酷刑合理性所需的人數，並沒有精確的數字可言。另一個灰色地帶是機率。酷刑通常會製造出錯誤的資訊，但還是有成功機會。取得精確資訊的機率要有多高，才能證成以酷刑拯救某一數量的人命，這是不可能說得準的。第三個灰色地帶，是酷刑導致的苦難總量。水刑一分鐘是一回事，但水刑可以連續好幾小時。毆打、燒燙跟電擊又怎麼說？我們也允許這些做法嗎？下手多重？延續多久？為了具體增加拯救特定數量人命的機會，容許造成多大痛苦，在此也不可能說得準。

這些灰色地帶讓概念性滑坡論證有可能成立。這裡就有一個例子：只為了降低十萬分之一臭氣彈爆炸機率，不可能合理證成讓警方施加極大痛苦。在避免傷害數量上或者在成功機率上的一點點增加，或者在施加痛苦數量上的一點點減少，無法把沒有合理證成的酷刑變成有合理證成的酷刑。同樣的道理適用於接下來的一點點增加，還有隨後的依此類推。所以，沒有任何酷刑——確切來說，是在調查過程中施加任何痛苦——是合理的。

這個論證可以逆轉。警方會有合理理由讓一個嫌犯坐在一張不舒服的椅子上一分鐘，以便讓即將殺死百萬人的核爆機率降低百分之十。被救人數或成功機率的一點點增加，或者痛苦數量的一點點增加，無法把有合理證成的訊問變成不合理的酷刑。同樣的道理可以應用在接下來的一點點增加，然後就滑下滑坡了。所以，沒有任何酷刑是**沒有**合理證成的。

當一個論證往兩個方向運作都一樣順暢的時候，它在兩個方向上都是失敗的，因為這個論證無法給出任何理由，說明為何某一個結論比對立的結論好。一個普遍性的教訓是，我們全都需要測試自己的論證，方法是問一問對手是否能夠站在另一邊，給出類似的論證。要是可以，這種對稱性就是個強烈的指引，指出我們自己的論證成立的方式並不妥當。

這個教訓仍然沒有告訴我們，要怎麼停止溜下滑坡。一個潛在解答是定義。美國政府在某一刻宣稱訊問不是酷刑，除非這導致等同於器官衰竭的痛苦[4]。這個定義想來可以讓訊問者對嫌犯動用水刑很長一段時間，卻不至於涉及酷刑折磨。然而反對者可以就只是把酷刑定義拉得更寬廣些。舉例來說，他們可以說警察每次蓄意導致任何身體痛苦時，就是動用酷刑。那麼就算幾秒鐘的水刑也算是酷刑，但這樣要求嫌犯站著（或者坐在一張不舒服的椅子上）一小時，企圖讓他們更順從，就也是酷刑了。所以，就跟先前一樣，對手可以在相反方向採取相同的路數。

儘管如此，定義確實提供某種希望的微光。這樣的定義不足以掌握像字典裡的那種常見用法。常見用法太過含糊，無法解決這個問題。酷刑的定義反而指向一個實際或道德上的目標。這些定義企圖（而且也應該）把道德層面上相似的所有例子都圈在一起；結果對手就可以討論哪個定義達成了這個目標。這個辯論會很複雜而有爭議性，但至少我們知道需要做些什麼，以便在這個議題上取得進展：我們需要決定哪個定義導向最有正當性的法律與政策。

那麼因果滑坡呢？在此兩邊並不是一樣對稱的。如果我們開始稍微用點水刑，像這樣朝向滑坡邁出第一步，似乎可能會破壞對於動用酷刑的心理、制度與法律防線，這樣會導致人在更多情況下，為了避免更少的傷害，在成功機率更低時，還施加更長時間的水刑。這種因果滑坡，到最後可能導致大幅動用缺乏合理證成的酷刑。在另一個方向上，如果我們稍微降低極端的酷刑，這種小小的慈悲讓警方完全放棄審訊的可能性似乎低得多。審訊的強烈動機，可能會制止因果滑坡，不至於導致災難。因此，對抗酷刑的因果滑坡論證，無法像支持相同結論的概念性滑坡論證一樣，被當成有對稱性而隨手打發掉。

一如往常，我並不是在認可這個認證或其結論。的確，把這個論證分類成因果滑坡而不是概念滑坡，就揭露出對手可以反對的地方。這個論證仰賴一個有爭議的預測：使用一點點水刑，到最後會導致很多水刑。這個前提可能很精確，但並不顯而易見，尤其是因為種種機構可以採用規則，限制容許的酷刑程度與總量。如果我們想要避免極端的酷刑，有兩種選擇可能奏效。一個是禁止所有酷刑。另一個是推行限制酷刑的規定。當然，所有酷刑的反對者都會否認這種限制能夠有效地被推行，但他們需要提出論證支持那個主張。做為回應，有限酷刑的辯護者需要證明各機構如何能夠真正有效地為酷刑設限。對於這些彼此衝突的前提，我們要怎麼確立其中之一還不是很清楚，但藉著定位並澄清關鍵議題，我們針對這些因果滑坡論證所做的分析，已經有了進展。

無論你是否接受反對酷刑的論證，這個論證都揭露了我們需要做些什麼，以便評估任何滑坡論證。首先要決定這個滑坡是概念性還是因果性的。如果是概念上的，就問這個滑坡是否在另一方向也一樣滑，還有是否能夠靠著有實用性或理論性益處加以證成的定義，來解決問題。如果滑坡是因果性的，就要問涉足於這個滑坡是否真的會導致災難。問這些問題並加以回答，可以幫助我們決定真正需要避開的滑坡是哪些。

我能信任你嗎？

我們的第二組謬誤，引起了前提何時跟結論相關的問題。論證有多常從關於某一個主題的前提，跳到關於另一個不同主題的結論，說來叫人訝異。

明目張膽的例子，就出現在人回答不出被問到的問題時。政治辯論裡充滿這種詐騙，而這種詐騙損害了理解。我們全都需要學會發現這種騙局，並加以制止。我們需要注意到人在什麼時候沒有回答問題，然後公開指明。

在此我們會把重點放在把不相干事物牽扯進來的較精巧範例。具體來說，許多論證提出關於某個人的前提，當成理由來支持關於某個命題或信念的結論。這些論證可能是正面或負面的。一個人可能會論辯說：「他是個壞人，所以他說的事情是假的。」或者，一個人可能論辯：「他是個好人，所以他說的是真的。」前者被描述成**人身攻擊**（ad hominem）論證，後者則是**訴諸權威**論證；差別在於這個論證是要我不信任或信任那個人。

人身攻擊

這裡是負面模式的一個經典範例：

> 這是個有趣的問題：為何有這麼多政治抗議人士有這種傾向——講得委婉點好了——通常外表醜陋？……這只是個視覺上的事實，手上拿著手寫海報，沿著警戒線往前走的學生與非學生，大多數都是相當沒有吸引力的人類……他們要不是太胖就是太瘦，通常身材比例奇怪……但如果說自然界沒給大部分這樣的人多少可以努力的基礎，他們自己也沒有讓事情改善太多。不合身的藍色牛仔褲似乎是制服。邋遢的襯衫。頭髮看起來亂蓬蓬的，又沒洗過。他們穿著各式各樣看起來蠢透了的鞋子。噁心……[5]

這位作者顯然設法要讓讀者因為抗議人士的外表，就不信任也不理會他們。很難想像會有任何人被這麼明目張膽的謬誤給誤導，但有時候，把目標跟噁心、輕蔑或恐懼這類負面情感聯想在一起，這種招數確實有用。這些負面情緒可以製造出不信任，就算激發負面情緒的特徵，根本與當前的主題無關時亦然。在整個歷史上，這個詭計一直被用來排除異議團體的觀點。這種做法可能也藏在剝奪前重刑犯投票權的法律背後（這種法律遍及大半美國），甚至在他們知道、也很在意的議題上——像是關於罪犯的政策——也是如此。而這種想法也會影響刑事訴訟：陪審團因為強姦受害者以前有過的自願性行為次數，多過他們認為適當的程度，就不信任她的指控。

人身攻擊論證有各種不同風格。最明目張膽的謬誤，發生在有人辯稱「她有個不好的特徵，所以她說的必定是假的」的時候。另一個比較沒那麼露骨的形式，是發生在可靠性受到懷疑的時候，就像是「她有個不好的特徵，所以你不能相信她說的話」。這兩種變化版本的關鍵差異，是前者做出結論說某主張為假，而後者讓我們不知道要相信什麼。第三種版本徹底否認某人的話語權：「她有個不好的特徵，所以她對這個主題無權說話。」這個結論又沒有告訴我們要相信什麼，因為此結論留下這個問題沒有回答：她如果確實發言了，她的觀點是否真確可靠？通常就像上面引述的句子一樣，被提出的論點是上述的哪一個並不清楚，雖然這個論點是在這個大範圍裡的某處沒錯。

每一種人身攻擊謬誤都能夠造成誤導，有一部分是因為其他的同類論證確實提供理由支持自身的結論。在國會辯論中，旁觀者沒有權利發言，無論他們要是真正開口了，說的話有多可靠都不算。你真的不應該信任物理學當掉，卻對物理學爭議有強烈立場的人。而有時候人的特徵甚至提供理由支持以人廢言，好比說有個廉價服裝店老闆告訴你，他的產品是以最精緻的絲製成。

儘管有這種可能性，人身攻擊論證出錯的頻率夠高，所以應該帶著最大的疑慮加以檢視。在你從關於信念支持者的負面前提推出關於該信念的結論以前，你總是應該要非常小心。

不幸的是，很少有人這麼小心。如同我們在第一部分看到的，保守派通常藉著叫他們的對手自由派來拒絕他們的觀點，就像自由派常常叫他們的對手保守派，就這麼打發掉對手的觀點。這樣的分門別類犯下了人身攻擊謬誤，因為他們用一個人是自由派或保守派做為前提，對於這些人提出的特定主張達成結論。自由派有時候是對的，保守派亦然，所以論辯說只因為相信某信念的人是自由派或保守派，所以該信念就為真或為假，是非常可疑的。

在某人說自己的對手愚蠢或瘋狂的時候，犯下的是不同的錯誤。這些是人的屬性，所以這個論證還是一種人身攻擊。儘管如此，不信任真正愚蠢或瘋狂的人是合理的，至少在他們的觀點正符合這種特質的時候如此。在此的主要問題是，這些前提通常為假，因為被攻擊的人並不真的愚蠢或瘋狂。

被這些謬誤愚弄的普遍傾向，導致阻礙合作與社會進步的政治極化。在我們根據對手是什麼樣來打發掉對手的時候，我們就截斷了自己去理解他們或者從他們身上學習的任何希望。這是我們為何需要小心翼翼避免這種謬誤的理由之一。

整體而言，每當你遭遇任何人身攻擊論證——從關於某人負面特質的前提，推及關於此人主張的結論——你就應該以批判性的眼光，評估這些前提是否為真，還有這個負面特質是否真正關係到這個主張的真實性、這個人的可靠性，或者這個人談論這個議題的權利。問這些問題，會同時幫助你減少個人的錯誤與社會性的極化作用。

質疑權威

從人身論辯到立場的正面模式，跟負面模式至少是一樣常見的。信任我們喜歡或仰慕的人，這種傾向被形容成「光環效應」(就像天使的光環)，而不信任我們不喜歡的人這種傾向，則被稱為「尖角效應」(就像魔鬼的尖角)。我們同時受制於光環與尖角這兩種效應。我們有多信任我們的盟友，就有多不信任我們的對手；說實話，我們常常太過信任我們的盟友。

人在信任某個權威的時候，會從關於這個權威的前提，論證到關於這個權威發言的結論。我可能會論辯說：「我的朋友告訴我，我們的鄰居有外遇，所以我們的鄰居有外遇。」這個論證的強度，只跟我朋友在這類議題方面的可靠程度一致。同樣地，我可能會論辯說：「這個網站或新聞頻道告訴我說我們的總統有外遇，所以我們的總統有外遇。」這個論證的強度，只跟該網站或新聞頻道在這類議題上的可靠程度一致。如果一個朋友或新聞頻道在這類議題上並不可靠，那麼在這個議題上，像這樣的消息來源就不值得我們信賴。但如果這些來源是可靠的，那麼他們至少配得到某些信任，就算他們跟我們意見不同。

我們如何能夠分辨一個消息來源在特定議題上是否可靠？並沒有絕對簡單可靠的測試存在，不過問一系列簡單問題，卻是好的開始。

我們總是需要問的第一個問題很簡單：「論辯者有正確引述權威意見嗎？」我們在第八章重構過的新聞內容，引用了羅伯特・鐘西的話，並且概述了一份亞洲發展銀行的報告。我們應該問：「鐘西確實說了那些話嗎？亞洲發展銀行真的報告了那篇文章聲稱的事情？」不論是有意或無心之過，人有多常錯誤引述權威，說來讓人驚訝。就算在權威言論被精確引用的時候，他們的話語也偶爾會以扭曲原意的方式，被拉出原有的脈絡之外。在引述中鐘西是這麼說：「都會村莊近年來的迅速崛起，是因為日漸增加的貧窮與氣候變遷帶來的負面衝擊。」現在想像一下，他的下一句話是：「幸運的是，這些趨勢正在減緩，甚至逆轉，所以將來這幾年我們不需要擔心都會村莊。」如果他這麼說了

——他沒有，不過如果他說了——那麼就算他確實說了文章裡報導的那些話，這篇文章裡的引述還是極有誤導性。因此，每當你碰到訴諸權威的情況時，你不只應該問這個訴求是否精確報導了權威人士的話，也要問這個訴求是否正確代表了權威人士的意思。

對於訴諸權威，要問的第二個問題比較複雜：「能夠信任被引述的權威會說真話嗎？」第一個問題關乎詞彙與意義，這第二個問題則是關乎動機。如果權威人士有某種撒謊的誘因，或者權威人士傾向於以鬆散或誤導的方式回報自身的發現，那麼就算是正確引述，也不能信任。舉例來說，如果鐘西正設法要為僱用他的慈善單位募款，他要是能夠讓你相信捐款幫忙解決都會村莊問題，他個人就會獲益，那你就有理由納悶他是否為了個人目的而誇大了問題。這樣他的私利就讓人有立場不信任他，因為私利可能導致他即使知道事實，還是說了假話。

如果一個權威來源因為私利或其他任何因素而不可信賴，我們應該怎麼辦？一條路是去查核獨立的權威。如果不同的權威來源沒有互相依賴，也沒有動機提倡相同的觀點，卻還是意見一致，那麼他們為何意見一致的最佳解釋，通常就是他們的信念很準確——所以我們有理由信賴他們。要證成信任的合理性，就尋求確切證實。

第三個問題更棘手些：「被引用的權威事實上是適當領域裡的權威嗎？」要下很大工夫，才能成為甚至只有一個領域裡的權威，所以鮮少有人能夠成為大範圍跨領域的權威。對歷史所知甚多的人，通常對於數學沒那麼精通，反之亦然。真正的萬事通極端稀少。雖然如此，就算權威人士的專業技術限制在某個特定主題上，他們通常自認為對於其他主題的知識，比他們實際上有的還多。在一個領域裡的成功，滋生了在其他領域裡的過度自信。

最明顯的例子，出現在運動員為汽車或其他與運動專長毫無關係的商品背書時。運動英雄還有演員、商業領袖與軍中英雄，也常常為政治候選人背書，甚至在根本少有或沒有根據去假定這些各自領域的專家，比別人更了解政治候選人或政策的時候，也是如此。

同樣的問題也出現在法律上。精神病學家與臨床心理學家受過精神疾病的診斷與治療訓練，但律師有時候會要求他們預測被告未來犯罪的可能性。他們是這個領域的權威嗎？不，他們自己的專業機構表示：「從我們對研究的解讀來看，針對危險行為所做的心理預測，至少在我們考量判刑與釋放的情況下，其有效性確實是極端貧乏的，甚至貧乏到讓我們可以根據嚴格的經驗性立場，指出心理學家並沒有專業能力來做這種判斷，從而反對使用這種預測。[6]」簡而言之，精神病學診斷與治療的權威，並不是犯罪行為預測的權威。因此，訴諸於他們的權威，以此做為法律決定的基礎是謬誤的。藉由詢問被引述的權威是不是正確領域的權威，就可以揭露並避免這種謬誤。

第四，我們應該要問：「在這個議題上，合適的專家之間有共識嗎？」當然，如果沒有合適的專家，他們之間就不可能有共識。某些議題無法靠專家意見來確定意見。沒有專家群體可以確定火星有沒有生命；他們需要的證據，多過於我們現在有的。永遠沒有專家群體能夠確定哪種魚嚐起來味道最棒；這不是能蓋棺論定的那種議題。我們可以詢問這是不是能靠專家共識解決的那種問題，來指出專家知識中的這類空白部分。

若是如此，我們接下來可以問，專家是否已經達成共識。當然，不需要全員意見一致。總是會有些異議人士，不過在幾乎所有專家都同意的時候，證據還是可以很強。醫生們已經達成抽菸導致癌症的共識。當然，專家有支持這個主張的證據，不過對於說服專家相信抽菸致癌的研究，極少有非專家知道其中的任何或許多細節。這就是為什麼我們需要仰賴專家權威。如果非專家論辯說，「醫生們同意抽菸導致癌症，所以這樣對我來說就夠好了，可以讓我相信事實如此」，這時堅持要他們告訴我們醫界如何達成這種共識，沒多大意義。對於非專家來說，知道專家確實達成共識就夠了。

在某些例子裡，種類合適的專家就只是一個證人。某政府官員是否與某位外國間諜有聯絡，關於此事的專家包括看到他們會面或聽到他們談話的證人。這時要得到專家之間的共識，就只是讓一位證人確認另一位證人說的話。只要他們共通的故事沒有被其他可靠來源否定，這樣的確認就可以削減錯誤的機率，並證成信念。這就是為什麼大多數好的新聞記者，只有等到報導內容得到好幾個獨立來源確認以後，才會加以發表。

第五個問題是關於訴諸權威之人的動機：「到底為什麼會訴諸權威？」在一個主張很顯而易見的時候，我們可以就只是堅持這個主張，也許還會說它很顯而易見。然後我們就不需要補充任何對權威的訴求了。論辯說「大多數數學家同意二加二等於四，所以此事必定為真」毫無意義。因此當有人確實訴諸某個權威的時候，通常他們這麼做，是因為他們知道自己的主張並不明顯為真，至少對非專家來說如此。他們的訴求顯示出他們知道自己的閱聽眾可以合理地提出質疑，所以他們引述權威意見，以便攔截問題。所以最好的回應，就是問出他們希望避免的那些問題。

要看出這五個問題如何共同運作，且讓我們把這一系列問題應用在科學方面。許多人假定科學並不仰賴任何權威。就他們的觀點來看，宗教與法律仰賴權威，但科學純粹靠觀察與實驗來運作。這是不正確的。幾乎每篇科學論文都引用了許多先前曾經解決其他議題的權威，好讓這篇論文可以建立在前人身上，去處理一個新的議題。史上最偉大的科學家牛頓爵士曾說，他是站在巨人的肩膀上，而他指的就是過去的權威。

是什麼證成了科學家信任其他科學家有權威身分的合理性？畢竟科學家也是人，所以他們就像我們其他人一樣可能犯錯。這個差別在於個別科學家是在為了培養可靠性而建立的較大團體與機構內工作。科學有一項有助於可靠性的美德，就是堅持要有其他獨立的科學家或實驗室重新複製出成果。在研究結果受到個人動機與錯誤扭曲的情況下，複製結果的獨立嘗試就不太可能成功。另一個讓科學滋生出可靠性的特徵是競爭。在一個科學家發表一項新發現的時候，其他的科學家有強烈誘因要加以反駁。有這麼多聰明人這麼拚命嘗試要找出錯誤，就只有最好的理論才能存活下來。我們有理由信任任何在這種過程中倖存下來的觀點[7]。當然，許多科學理論被推翻了，而今日大多數的科學理論，都可能會在將來被推翻。儘管如此，我們還是有理由信任我們現有的最佳理論與資料。

一個重要的近期例子是政府間氣候變遷專門委員會（Intergovernmental Panel on Climate Change，簡稱ＩＰＣＣ），其中包括來自世界各地的數百位頂尖氣候科學家[8]。這個大而多樣化的團體長期辛苦工作，要對於氣候變遷的許多（雖然遠非所有）面向達成共識。假設某人訴諸於ＩＰＣＣ這個權威，論證說放射出溫室氣體的人類活動，至少導致了某些氣候變遷。這個對權威的訴求，是一個強有力的論證嗎？為了評估這個論證，我們需要問出我們的問題。

首先，論辯者正確引述了權威立場嗎？某些環保主義者沒能引述ＩＰＣＣ報告中的限定條件。這種省略可能扭曲了他們的論證，所以我們需要小心查核。不過他們的報告裡還是有許多段落，確實顯示ＩＰＣＣ真的做出結論，說人類排放的物質導致了某些氣候變遷。

其次，可以信賴被引述的權威說的是事實嗎？這個問題問的是ＩＰＣＣ的科學家們是否有動機要誇大氣候變遷的程度。若是如此，我們有某種理由不信任他們。事實上ＩＰＣＣ的成員有誘因要揭發錯誤，因為他們要是搞砸了，名譽就會受損。想像這麼多彼此歧異甚大的科學家之間有個陰謀存在，太過異想天開了。

第三，被引用的權威事實上是合適領域內的權威嗎？在此我們需要查核ＩＰＣＣ成員的資格與專業領域。我們發現他們之所以被選中，是因為他們的專長與此相關。

第四，在這個議題上，合適的專家之間有共識嗎？ＩＰＣＣ並不是對於每個議題都意見一致，有幾個異議人士仍然處於主流之外。雖然如此，把這麼多彼此相異的專家聚集在ＩＰＣＣ的目標，在於決定他們確實同意哪些主張，然後讓他們在有共識的論點上，簽署他們的聯合報告。

第五，到底為什麼會訴諸權威？因為氣候變遷的未來與起因，如果沒有詳盡的研究就不會清楚明白，也因為削減氣候變遷的提案，可能迫使許多人要付出嚴重的代價。這個議題茲事體大，所以我們需要小心從事。

在問過這些問題以後，精準地訴諸於ＩＰＣＣ的權威到頭來看似非常好，所以我們有強烈理由相信，是排放出溫室氣體的人類活動讓氣候變遷增加了。這個評估並不表示ＩＰＣＣ內部沒有問題。沒有任何事物是完美的。重點只在於這個機構會自我修正，就像科學整體一樣。IPCC還是可能有錯誤，未來的證據也可能損害它的種種主張。這是所有歸納論證都會有的風險。不過歸納論證在沒有確定性的狀況下也可以很強，所以IPCC報告可以給我們強烈理由相信，至少某些氣候變遷是人類活動的結果。

雖然如此，這個科學結論本身並沒有解決如何應對氣候變遷或全球暖化的政策問題。通常IPCC不只被視為氣候變遷的未來與起因的權威，也被視為政府應該有何作為的權威。為了評估這種對權威的不同訴求，我們應該專注於這個問題：「被引述的權威事實上是合適領域內的權威嗎？」有人提出否定的答案，因為氣候科學家是科學專家，而不是政府政策專家。一位知道減少溫室氣體排放會減緩全球暖化的氣候科學家，仍然可能不具備下列的專業知識：不知道碳稅或碳交易（cap-and-trade）系統是否（或者在多大程度上）會成功削減溫室氣體排放，不知道這些政策是否（或在多大程度上）會減緩經濟成長，也不知道這些政策是否在政治上可行，或者會不會違反既有法律。為了解決這些各自有別的議題，我們需要來自科學界之外的專家。因此我們的問題不只能闡明科學的優勢，也能闡明科學的限制。

這些問題當然不是萬無一失的。在問起專家之間是否有共識，還有某特定來源是否是合適領域的權威、能不能信任這些權威會說實話的時候，競爭對手之間通常會給出非常不同的答案。這些持續的爭議，顯示出我們應該不只是自己去問這些問題。我們應該要求其他人也問這些問題。我們也應該不光是問同意我們的盟友。我們反而應該去問我們的對手。而且我們該問他們的，不只是誰是可以信賴的權威，也要問他們為什麼相信這些權威。對於任何訴諸權威之舉，我們都需要找出支持這麼做的理由，至少在爭議性領域裡如此。這個例子再度顯示出我們為何需要學習怎麼問正確的問題，關於理由的問題也包括在內。

我們到目前為止有任何進展嗎？

在第三種謬誤中，論證前提沒有任何進展。從更技術性的層面上來說，當一個論證的前提需要被證成，卻無法在不預設或不仰賴結論成立的狀況下得到證成的時候，這個論證就是在**招致問題／丐題***（begs the question）了。這個意思跟日常用語相距不遠，像

* 譯注：begging the question 中的 beg 一字，原意是「請求」；而在日常語言的脈絡裡，begging the question 常被用來當成「閃避真正的問題」，或者「（因為閃避反而）讓人想起／招致真正的問題」之意，所以一般中文有時候會直接把 begging the question 翻譯為「閃避問題」或「忽視問題」，算是原詞彙的引申意，但在本書的這個段落裡，這樣翻譯讀起來會很奇怪，因為在中文裡「閃避／忽視」跟「引發」幾乎是完全相反的意思。

是「我的血糖濃度非常高，這招致我為何在吃蛋糕的問題。」在此「招致問題」指的是「引發問題」。同樣地，一個論證如果引發了這個問題——如果我們懷疑論證結論，我們為何要相信其前提——那麼這個論證就是在招致問題。

在此有個常見的例子：「死刑是不道德的，因為殺人永遠是錯的。」死刑從定義上來說牽涉到殺人，所以從我們的技術性意義上來說，這個論證有效。這個論證不可能在結論為假時前提為真，因為如果所有形式的殺人都不道德，那死刑一定就是不道德的。儘管有效，這個論證還是沒能夠證成任何事，因為要證成前提「殺人永遠是錯的」，不可能不先在死刑這個特例中預設結論：「殺人是錯的。」死刑可能是一個例外，顯示出為什麼不是所有殺人都是錯的，因為其實錯的是殺死無辜的人。這個論證的辯護者，需要在沒有預設結論的狀況下證成其前提，不過他們在前述這樣簡單的論證裡還做不到這點，而且很難看出他們要如何以獨立於結論之外的方式證成前提[9]。以這種方式，這個論證從一開始就預設了結論，所以它沒有任何進展。

以下面這種方式論辯，可能從另一方向犯下相同謬誤：「死刑是合乎道德的，因為我們應該以命償命。」這裡的前提「我們應該以命償命」，又是已經預設了死刑是合乎道德的，因為犯下謀殺案而被判死刑就是以命償命。因此這個論證無法證成其結論，因為論證前提需要被證成，而且無法在不先預設結論的狀況下得到證成。

在此有另一個惡名昭彰的例子：「《聖經》說神存在。《聖經》是神的話語（如同《聖經》提摩太後書第三章第十六節所說）。神不會說不真實的話。所以，神真的存在。」《聖經》是神的話語這個前提，在兩方面是丐題的。首先，一個存在物不可能在不存在的狀況下說任何話，所以這個前提已經預設神存在的結論。其次，提摩太後書第三章第十六節是《聖經》的一部分，所以引用這一段話做為「《聖經》是神的話語」的證據，也是丐題的。什麼樣的論證能給我們理由，相信《聖經》對於自身內容所說的話呢？

某些宗教反對者在下面的論證中也犯下相同謬誤：「這個演化生物學家說演化論是真的。演化生物學家們不會說任何關於演化的假話。所以，演化論是真的。」第二個前提丐題，因為此前提預設了結論：演化論是真的。如果演化論不是真的，那麼演化生物學家說演化論為真（如前提一所言）的時候，就會說出某些關於演化的假話（跟前提二相反）。因此，這個對於演化生物學家的簡單訴求，就跟先前訴諸於《聖經》的宗教訴求一樣，無法證成其結論。科學家就跟神學家一樣，需要支持他們理論的獨立證成理由。關鍵問題是誰有這樣的證成理由。

一如往常，這種對於論證的批評，並不蘊含前面任何一組論證為真或為假。重點反而只是這個議題無法用這樣的論證來解決，因為這些論證丐題了。我們需要某個別的論證。是否可能有更好的論證尚有爭議，但承認哪些論證行不通，就是重要的進步。

就這樣嗎？

我們已經涵蓋了人類犯過的所有謬誤嗎？當然不了。還有很多呢。某些謬誤落入像我們討論過的那些模式。起源謬誤（genetic fallacies）、訴諸無知（appeal to ignorance）與「你也一樣」(〔tu quoque〕或稱訴諸偽善〔appeal to hypocrisy〕)都類似人身攻擊論證。訴諸情緒、個人經驗、傳統與流行意見，則很類似訴諸權威。假二分法（false dichotomy）有時候類似丐題。這些其他論證，可以透過與類似謬誤的比較來理解。還有其他的謬誤形成的是新的模式，像是賭徒謬誤（gambler's fallacy）、合成謬誤與分割謬誤（fallacies of composition and division）、假原因謬誤等等。某些書籍與網站列出了數百種謬誤[10]。在此我們不會這麼做。長長的列表很無聊。

標準列表裡的所謂謬誤，並不總是錯的。我們先前看到，滑坡論證與訴諸權威有時候提供了強大的理由。因為這些論證類型有這種潛力，把整個論證類型就只當成一種謬誤，會有誤導性。

同樣的論點也適用於訴諸情緒，訴諸情緒通常被視為謬誤，而且是反理性的。在有人描述難民的痛苦與疲憊、他們對難民的同理心以及對難民待遇的反感時，這些情緒可以提供幫助難民的良好理由，因為這些情緒指出了苦難與不義。這些情緒如果是不理性的，就沒證明什麼，但正常的情緒有時候可以成為可靠的指引，就像權威一樣。我們可以問出類似我們針對訴諸權威所提的問題，藉此決定什麼時候要信任情緒。為什麼我現在感覺到這種情緒？我的情緒有被私利或不相干的動機扭曲嗎？其他人在同樣情境下，也感覺到相同情緒嗎？這種情緒很可靠地對世間的相關事實（像是苦難與不義）都做出反應嗎？在我們訴諸情緒的時候需要小心，就好像我們訴諸權威時也要小心，但有時候訴諸情緒並非謬誤。

更普遍來說，我們應該不要太快指控反對者犯下謬誤。他們並不是每次批評別人的時候，都犯了人身攻擊謬誤。他們並不是每次用稍微有點不精確的詞彙（所有詞彙都是如此）時，就犯了滑坡謬誤。他們並不是每次指出他們的觀點跟傳統一致時，就犯了訴諸傳統謬誤。在指控別人犯下謬誤變成一種不假思索的膝反射時，這些說法就不再有啟發性，變得惱人又走極端了。這樣的謾罵行為，並不會比光是宣稱「我不同意」好上多少。

與其用犯下謬誤的名義來辱罵對手，我們反而需要仔細而寬大地檢視每個論證。我們尤其應該總是問一問，看起來像是謬誤的東西，是否可以光靠補上一個被抑制的前提就修復。舉例來說，假定有人論辯說，某位政府雇員並沒有揭露她私人伺服器上的機密資訊，因為在那個伺服器上我們無法找到任何特定電子郵件，揭露出任何機密訊息。或者假定有人論辯說，有個政治候選人並沒有跟敵人共謀，因為我們無法證明他有。在兩種狀況下，批評者都可以駁斥：「這是訴諸無知！這是個謬誤！」這種標籤無法幫助任何人理解當前的議題。問這個論證是否預設了一個被抑制的前提，更有建設性得多。確實如此：「如果他或她做了這件事，我們會知道（或者至少有我們目前缺乏的那種證據）。」這個被抑制的前提，在某些狀況下為真：如果我兒子昨天晚上撞壞了我的車，我可能會看到我車上有些凹痕。但同樣的被抑制前提，在其他例子裡卻是假的：如果我兒子回家晚了，我會知道（就算我當時睡得正熟）。所以在每一個訴諸無知的例子裡，我們需要先問受壓抑的前提是否為真：如果一封電子郵件確實揭露了機密訊息，我們會找到它嗎？如果候選人確實通敵，我們會知道嗎？為了超越謾罵，並且搞清楚一個論證其實有多強大，我們需要盡可能寬大為懷地重建論證，然後問這個論證在最佳形式下有多強大。

當然，某些論證到頭來還是會有謬誤。我們不應該太快指控，不過我們也不該太慢才指出論證中的謬誤與弱點。而且，我們需要能夠找出並且解釋論證中的缺陷，甚至在我們不知道怎麼稱呼這些缺陷的時候亦然。下一章會教導這種技巧。

CHAPTER 11

如何反駁論證
How to Refute Arguments

許多人講得好像你要反駁一個立場，就只需要加以否認，或者隨便講個回應就好。這樣的說法太鬆散了。蒙地蟒蛇教導過我們，「論證不只是矛盾」或者否認。就算你不只是否認，還回應了某些話，也不是某種回應都算反駁。

舉例來說，假定一個有神論者論辯說：「神存在，因為沒有其他事物能夠解釋宇宙的存在。」一個無神論者要反駁這個論證，不能光說「不，神不存在」，或者「我不信神」，或者「那樣很蠢」。同樣的道理對另一方也成立。如果一個無神論者論辯說：「邪惡存在，所以神不存在。」一個有神論者要反駁這個論證，不能光說「神確實存在」、「我信神」或者「那樣很蠢」就算。這些簡單的回應並不是反駁。

為了反駁一個論證，你需要給出恰當的理由懷疑這個論證。我們看到某些論證給出理由來證成對結論的信念，而其他論證則給出理由來解釋現象。相較之下，反駁則是給出理由來懷疑其他論證。因此反駁是論證除了證成與解釋以外的一個新目的。

反駁所提供的理由，是懷疑而非相信的理由。為了反駁一個有神論者對於神存在的論證，無神論者不必證明神不存在。無神論者所需要的只是一個恰當的理由，去質疑有神論者的論證是否真的提供了足夠理由，讓人相信神確實存在。同樣地，有神論者可以反駁一個無神論者反對神存在的論證，卻不用提出任何相信神確實存在的理由。有神論者需要的就只是一個恰當的理由，可以懷疑無神論者用以證明神不存在的論證。反駁可以在兩個方向上，都導致懷疑與暫時擱置信念。

許多反駁論證的人確實接著否認那些論證的結論。這個額外的步驟，有一部分源於承認「我不知道」造成的不自在。許多反駁神存在論證的無神論者，做出結論說神不存在，有一部分是因為他們不願到頭來變成優柔寡斷的不可知論者。基於同樣的理由，許多反駁反對神存在論證的有神論者，直接會跳到神存在的結論去。然而額外附加的主張，並不是光靠反駁本身就理所當然成立。反駁本身支持的就只有懷疑，而不是信念。

懷疑一個論證是什麼意思？這意思只是懷疑該論證沒有真的給出足夠理由，讓人相信其結論。這種懷疑可以指向論證的不同部分。根據我們對論證的定義，一個論證包含前提與結論，並且提出前提做為支持結論的理由，所以一項反駁有三個可以瞄準的主要目標。首先，反駁可以給出理由，去懷疑一個或多個前提。其次，反駁可以給出理由來懷疑結論。第三，反駁可以給出理由，去懷疑前提並沒有對結論提供恰當的支持。我們會依序考察這些反駁形式。

例外證明了規則嗎？

反駁論證的第一個方式，是讓人懷疑論證前提。藉著給出某種讓人相信前提為假的理由，或者在支持該前提的最強論證裡找出某種謬誤，就可以達成這項任務。我們在此會把重點放在反駁前提的一個常見方法，也就是提供反例。

假設一位生意經營者論辯說：「更高的稅賦總是降低就業，所以我們需要保持低稅收。」對於這個論證，提出懷疑的一種方式，是給出理由懷疑或否認其前提：更高的稅賦總是降低就業。這很容易。只要指出有一次稅賦上漲到一個高水準，就業卻沒有降低的時期就行了。這一個反例就足以證明較高的稅賦並不**總是**降低就業。

但這個反駁很強嗎？如果對手可以輕鬆回應，就不算強了。要做回應，論辯者所需的就只是一個防衛用語：「好吧，所以高稅賦並不總是降低就業。但高稅賦還是**常常**降低就業──**幾乎**總是如此。」單單一個反例，無法讓人懷疑這個經過防衛的前提。論辯者可以主張，這個反例是證明了規則的例外──這個意思是，反例的例外特徵，顯示出這個規則在正常狀況下是成立的（跟那句口號的原意不同；按照原意，例外考驗規則）。

然而這個回應並不是討論的終點。論辯者一旦承認有例外，就引起一個問題：討論中的例子究竟是更像規則，還是更像例外。如果我們正試圖決定「我們需要保持低稅賦」（如同結論所主張的）到底對不對，那麼我們需要弄清楚，我們現在的環境更像是稅賦上漲、就業卻沒下降的例外時期，還是比較像稅賦上漲、就業下降的通常時期。光給出一個反例就停止思考，是不夠的。進一步的議題不容易解決，但不該加以忽略。

同樣的道理也適用於每個反例。許多宗教與文化傳統，都支持像這樣的黃金定律：「你們願意人怎樣待你們，你們也要怎樣待人。」（馬太福音第七章第十二節）對於這個備受敬重的原則，要想出反例是很容易的。法官判決讓謀殺犯入獄並沒有錯，即使法官自己並不想被判刑入獄。施虐受虐狂鞭打他們的受害者是不對的，即使他們自己想被鞭打。

像這些例子會引起對於黃金定律的懷疑，不過定律的辯護者能夠如何回應呢？關於施虐受虐狂的明顯論點是，他們的（非受虐狂）受害者並不同意被鞭打，而施虐受虐狂只在他們同意的方式與時機下，會想被鞭打。因此，如果我們只把黃金定律應用在未經同意的鞭打行為上，就仍然成立。沒有人想要成為那種行為的受害者。

在另一個反例中，法官不會想要被判刑入獄，就算他因為犯了某罪而應該入獄。然而照理說法官會承認，在這些狀況下懲罰他是公平的。若是如此，那麼我們就可以把黃金定律重新公式化，變成「你們願意人怎樣公平對待你們，你們也要怎樣待人」，以避免這種反例。這時什麼是錯的，就取決於怎麼樣算是公平，而不是你剛好喜歡怎麼樣。問題是，像這樣把黃金定律重新公式化的做法，如果沒事先決定在各種例子裡怎麼樣算是公平，就無法應用在這些例子上。這讓我們很難看得出來，這個規則如何能夠當成基本道德原則而起到作用。

在一個反例讓人對一個論證所仰賴的前提起疑時，這個反例是讓人懷疑該論證是否提供了適當理由支持其結論。畢竟如果前提為假，這個論證就失敗了。前提的反例之所以能夠反駁論證，道理在此。儘管如此，結論仍然可能為真。而且，如果論證能夠以避免反例的方式重新公式化，又能夠提供夠強的理由支持結論，論證就還是可能成功。因此，這種反駁形式，就像所有其他形式一樣，並不是決定性的。這種反駁形式讓討論更往前推進，而不是結束了討論。

這種荒謬性是稻草紮的嗎？

反駁論證的第二種方法，是讓結論顯得可疑。如果一個反駁顯示出某結論為假，那麼支持該結論的論證肯定有某處出錯了。至少該論證不可能是健全的。這種反駁可能不會特別揭露論證哪裡有問題，卻還是可以顯示出論證中的某處有些不對。如果我們到頭來把車開進壕溝，我們就知道我們在某處轉錯彎了。

這種路線的最強反駁，是**歸謬法**（reductio ad absurdum）——把結論變得荒謬。最清楚的荒謬是徹底的矛盾。如果有人提出相信中國有最大數量國民的理由，一個對手可以這麼回答：「這很荒謬。就等一分鐘，中國就會有更多國民。如果中國又多一個國民，那麼他們就會有更大數量的國民，所以他們本來有的國民人數就不可能是最大數量。」這跟有任何數字是最大數字的主張是矛盾的。

這個歸謬法顯然是奠基於一個錯誤的詮釋之上。論辯者指的不是中國國民的數量是所有數字中最大的，只是中國的國民數量比任何其他國家都來得多。如果一項反駁為了讓某個主張顯得荒謬，而錯誤詮釋該主張（雖然該主張在正確詮釋下並不真的荒謬），這個論證就是在攻擊稻草人。對於這種花招的最佳回應，就只是「我不是那個意思」。

真正的例子通常比較微妙。在二〇一七年六月，以色列國會的一位成員推動一個法案，此法案將會要求所有教授用等量的時間討論任何學生想討論的立場。法案目標是要讓保守派學生能夠要求他們的自由派教授考慮爭議性議題的保守派立場，這樣學生就不會被洗腦到傾向於自由主義。這個目標可能乍看合理，但這條法律很快就會導致荒謬。

就想像一下一堂神經科學課程，教授強調海馬體在記憶中扮演的角色。一位學生說，記憶反而可能是位於顳極。另一個則認為可能在扣帶皮層。第三個人認為在紋狀體。如此持續下去，其他的腦部位一一被點名。前面建議的法律，要求教授給所有這些可能性一樣的討論時間，這樣做很荒唐，理由有二。首先，沒什麼證據把記憶跟其他那些腦部位連結在一起，所以這個教授該討論什麼呢？其次，這樣會讓每一班花掉每一分鐘時間去討論所有可能性，這樣課程就永遠進展不到神經科學的其他主題了。任何人論辯說

「每一個學生意見都應當得到相同的考量，所以教授們應該對任何學生想討論的任何立場，給予相同時間」，我們都可以引述前面這些荒謬現象來加以反駁。

這個反駁攻擊了稻草人嗎？這並不清楚。在另一方面，該法律的支持者在想的可能是政治立場，而不是神經科學。若是如此，這些鼓吹者或許能夠在某種程度上，把法律應用範圍限定在政治議題上，藉此避免荒謬的後果。另一方面，哪些議題是政治性的並不總是清清楚楚，所以法律支持者可能有意納入歷史與科學中有政治性爭議立場的辯論，像是全球暖化、生命與地球起源、酷刑的效力、某些戰爭的起因等等。如果法律也涵蓋所有這些議題，那麼任何學生都可以阻止教授討論其中任何議題，只要鼓吹（除了滿足學生避開考試逼近的欲望之外）沒有任何可取之處的無數其他觀點就行了。這樣的威脅顯示，法律會有效地阻止教授們討論法律範圍內的任何議題。這樣荒謬嗎？我想是的，但也許這只是因為我是個教授。如果這個結果是該法律支持者想要的，那麼他們可能不會把這看得很荒謬。

這個例子帶來的一個教訓是，荒謬性有時候取決於觀察角度。在明確矛盾的例子裡並非如此，但在真實案例中常常如此。那就表示歸謬法不能反駁任何真正的論證嗎？不，不過這確實揭露了那些反駁只對有限的閱聽眾有效。這種反駁，無法對抗主張不該讓教授們能夠討論任何爭議性議題的極端主義者。雖然如此，這種反駁對中庸派還是有效：他們認為教授們應該可以討論爭議性議題的其他主要立場，卻不必花費一樣多的時間，討論學生可能為了任何理由提出的每種可能性。這個例子強化了我先前的論點：論證絕對滿足不了任何標準太高的人，像是那些尋求確定性的人，但對於有合理目標的人來說，這些論證還是非常有用；就像是針對講理而心胸開放的中庸派，證成論證的結論。

什麼是「就像在論辯說……」？

第三種反駁論證的方法，是給出理由來懷疑前提並沒有為結論提供適當支持。這種反駁的變化版，攻擊目標在於前提與結論之間的關係有缺陷，而不在於前提或結論本身。

我們在對謬誤的討論中看到範例。模稜兩可發生於某詞彙在結論與前提裡各有不同意義的時候。人身攻擊論證與訴諸權威用關於信者本人的前提來支持關於他們的信念的結論。而論證在前提沒有獨立於結論之外的時候——也就是說，在前提跟結論太過緊密相關的時候——是丐題的。

在其他不符合標準謬誤模式的論證裡，前提與結論之間的關係，也可能是有缺陷的。我們如何能夠分辨這個關係是否有缺陷？最直接的方法是仔細檢視論證本身，並評估其有效性（如果它是演繹論證）或者強度（如果它是歸納論證）。請回想一下，歸納強度就是結論在既有前提成立時為真的條件機率。這個機率通常很難計算、甚至很難估計，所以這個方法有其限制。

另一個方法沒那麼直接，但有時卻比較容易應用。設法建立一個平行論證，有著與被評估論證相對應的形式，並且有明顯為真的前提與明顯為假的結論。如果對手承認此處前提為真且結論為假，那麼這個平行論證就可以揭露在被評估的原論證中，前提與結論間的關係有某種缺陷。換句話說，在有人呈現一個論證時，批評者回應道，「那就像是以這種類似方式論辯」，而這個類似的平行論證有個明顯的缺陷。接下來，要為原論證做辯護，就只能證明它並沒有共享相同的缺陷。

馬丁．路德．金恩在他的〈寄自伯明罕監獄的信〉（'Letter from Birmingham Jail'）裡，施展的就是這個策略。他曾經因為支持種族平等與民權的遊行示威而入獄。他的獄卒與批評者論辯說，他不該去遊行示威，因為這種抗議會激發他的反對者以暴力攻擊他跟其他遊行參與者。金恩回答說：「在你的陳述裡，你斷言我們的行動儘管和平，卻必須被譴責，因為這些行動會促發暴力。但可以合乎邏輯地做出這種斷言嗎？這不就像是譴責被搶的人，因為他有錢會促發搶劫的邪惡行為嗎？」在這個例子裡，金恩的批評者論辯說：「遊行者促發暴力，所以他們必須被譴責。」他回答，照我們的說法，「那就像是論辯說搶劫受害者有錢促發了搶劫，所以搶劫受害者必須被譴責。」

相當強勁的回應，對吧？不過發生了什麼事？金恩並沒有否認前提的真實性：遊行者促發了暴力。他們確實如此。金恩也不論辯說結論是假的。把主題轉換成搶劫無法證明這一點。說實話，金恩的回答可能看似不相干。談論搶劫如何能夠證明任何關於遊行的事情呢？關鍵在於論證的形式。因為兩個論證共享相同的形式，如果其中一個形式有缺陷，另一個也有。關於搶劫的平行論證，理應從一個為真的前提：搶劫受害者有錢促發搶劫，推到一個假的結論：這個受害者應該被譴責。這個動作證明了這個搶劫論證的前提與結論之間的關係，必定有某種缺陷。如果這個遊行論證的前提與結論之間，有（跟搶劫論證）相同的形式與相同的關係，那麼這個遊行論證的前提與結論之間的關係，一定也有缺陷。

這個回答並沒有嘗試證明關於遊行的論證結論為假。遊行者可能真的還是應該被譴責。金恩揭露的只是這個論證不足以支持那個結論。他讓這個論證顯得可疑，卻沒有論辯支持相反立場。而且，他只是造成某些疑慮。他並沒有毫無疑問地證明那個論證失敗了。批評他的人還有幾招可以用。

首先，金恩的批評者可以接受搶劫受害者該受譴責的結論。如果這個結論為真，那麼平行論證就沒有明顯缺陷，所以這個反駁沒能揭露原論證的缺陷。但這個回應在這個例子裡，看起來不太可能成立。

其次，金恩的批評者可以否認搶劫受害者有錢促發搶劫的前提。如果被搶的人像大多數人一樣藏著他的錢，那麼搶匪就不會知道他有沒有錢；所以就算這位受害者身上沒有錢，搶匪還是會搶他。既然有錢並不必然會讓他被搶，他有錢可能不是導致或促發搶劫的事件。這個回應或許更可能為真，但還是很有問題。

第三，金恩的批評者可以指出，這些據說平行對應的論證之間有差異。搶劫受害者不知道他會被搶，但金恩確實知道他的對手會暴力攻擊。搶劫受害者想來會藏著他的財物來避免搶劫，然而金恩卻公開遊行，什麼都沒藏。他想要公開曝光。

金恩無法否認這兩個據說平行的論證之間有這些差異，但他可以否認這些差異確實造成差別。一種測試有什麼造成差別的辦法，就是為每個論證補上前提。金恩的批評者可以回答：「好，我們話說太快了。但我們的主要重點仍然成立：遊行參與者刻意而且公開地促發暴力，所以他們必須被譴責。」要反駁這個修正過的論證，金恩需要說：「這就像是論辯說，搶劫受害人故意又公開地擁有金錢促發了暴力，所以搶劫受害者必須被譴責。」問題在於這個新前提顯然為假，所以這個新論證並沒有從真前提得出一個假結論。因此，這個論證無法揭露這個前提與結論之間的關係有任何缺陷。

一如往常，這個討論可以繼續下去。此處的重點只有這個：企圖藉著說「那樣就像在論辯說……」來反駁一個論證，這樣的嘗試只有在假定中的平行論證有真前提與假結論，而且這個論證真的有平行相似性的時候才有效。這一切都需要被彰顯出來，反駁才能夠奏效。光是說「那樣就像在論辯說……」是不夠的，除非這樣說真的**就像**是在論辯說……

在這個反駁方法應用得當時，可以被用來揭露許多種類的謬誤。在此有幾個強度不等的例子：

合成謬誤（The Fallacy of Composition）

論證：如果一個人讓她的收入加倍了，那麼她會變得比較富有。
所以，如果所有人的收入都加倍了，那麼他們全都會變得比較富有。

反駁：這樣就像在論辯說，如果我在音樂會裡站起來，我就會看得比較清楚；所以如果在音樂會裡全體觀眾都站起來，那他們全都會看得比較清楚。

教訓：對部分成立的事情，對全體來說可能不成立。

分割謬誤（The Fallacy of Division）

論證：北韓是個有攻擊性的國家，你是來自北韓，所以你一定有攻擊性。

反駁：這樣就像在論辯說，北韓是個多山的國家，你來自北韓，你一定很多山。

教訓：對全體成立的事情，對部分來說可能不成立。

假二分法（False Dichotomy）

論證：你要不是支持我們就是反對我們，而你還沒完全服膺於我們的理想，所以你一定是我們的敵人。

反駁：這就像在論辯說，你要不是支持斐濟就是反對斐濟，而你還沒完全服膺於斐濟，所以你一定是斐濟的敵人。

教訓：人可以是中立的——不支持也不反對。

假對等（False Equivalence）

論證：有某個論證支持採用這個政策，但也有某個論證反對此政策而支持另一選擇；所以雙方都很合理，而且支持一方勝於另一方是不合理的。

反駁：這就像在論辯說有某個論證支持跳樓（多麼刺激啊！），也有某個論證反對跳樓（多麼致命啊！）；所以兩個選擇都很合理，而支持一方勝於另一方是不合理的。

教訓：並不是所有論證與理由都是對等的。某些論證跟理由比其他的更好。（同樣的論點在雙方都有專家支持的時候也成立。）

訴諸無知（Appeal to Ignorance）

論證：你無法證明伊拉克有大規模毀滅武器，所以一定沒有。

反駁：這就像在論辯說你無法證明這房間裡有小蜘蛛，所以這房間裡一定沒有任何小蜘蛛。

教訓：可能有很多事物是我們看不到的，因為即使這些東西確實存在，它們還是很難找。

假起因（或稱「後此謬誤」〔post hoc ergo propter hoc〕）

論證：我們的經濟就在他變成總統以後有所改善，所以他對我們的國家幫助很大。

反駁：這就像在論辯說我們的經濟就在我女兒出生後有所改善，所以她對我們的國家幫助很大。

教訓：時機可能是巧合。更普遍來說，相關性（correlation）並不蘊含因果關係。

這些反駁沒有一個是決定性的。在每個例子裡，論證辯護者都可以主張（a）反駁的前提是錯的；（b）反駁中的結論為真；或者（c）反駁中的論證跟原論證並非真正平行，因為它們在某些相關面向上是不同的。

這樣的反駁嘗試，仍然把證明的責任轉移到論證辯護者身上，所以就算非決定性的反駁也可以造就出進展。這些反駁並沒有結束討論，但它們的目的不在於此。反駁的目標在於排除簡單的錯誤，而反駁確實可以做到這一點。在論辯者成功地靠著平行推論為他們的論證做辯護，對抗反駁意見的時候，他們通常需要讓自己的論證變得更複雜，並且補充限定條件。反駁顯示出沒有限定條件的原有論證過度簡化了議題。修正過的論證，則揭露出原有論證忽略的複雜性與細微之處。因此反駁可以改善討論，卻不至於終結討論。

結論：立身處世的規則

Conclusion: Rules to Live By

現在對於為什麼我們需要論證，論證是什麼，如何分析論證，如何評估論證，還有如何認出謬誤，你已略有所知。接下來是什麼呢？

首先，承認你的局限。這本簡短的書幾乎只是掠過表面而已。你已經看到論證的某些目的，論證裡的某些詞彙，論證的某些有效形式，還有某些種類的歸納以及某些謬誤。本書已經涵蓋到的範圍很大，但請不要以為你知道全部了。沒有人全都知道。

其次，去學習更多。要完整理解論證與理由會花上一輩子的時間。除了探索更多種類的論證以外[1]，我們全都需要對語言（我們共享的溝通手段）、科學（包括心理學與經濟學）、數學（尤其是統計學與機率）還有哲學（這門學科探索我們的基本假設與價值）有更多知識。要研究的事物還多的是。

第三，繼續練習。要學習如何指認、分析、評估與避免論證與理由中的謬誤，唯一的有效辦法就是練習、練習、再練習。最佳的練習辦法是跟其他人一起練，而最佳的練習對象是跟你意見不同，卻誠心想理解你、也想被你理解的人。如果你可以找到這樣的同伴，你很幸運。珍惜他們，也要運用他們。

第四，建構你自己的論證。在你想要思考重要議題的時候，建構出你對議題正反雙方能建構出的最佳論證。（舉例來說，如果你想決定要買比較大還是比較小的車，列出兩方的理由，像是大車比較舒適、小車造成的環境衝擊較小。而如果你可以在某個選舉中投票，具體提出支持與反對每個候選人的理由，像是更專注於對你有重要性的議題，或者比較沒有能力成事。）用推論形式列出你的理由以後，對你自己的論證做一次仔細分析跟一次深層分析，並且評估論證的有效性與強度。如果你誠實地做這些事，你就會對你的信念、你的價值觀跟你自己，有更深入的理解。然後去要求一位朋友、同事或對手來分析並評估你的論證，並且投桃報李。這個意見交換會幫助你們兩人更了解彼此。

第五，運用你的技巧——在你的整個日常生活裡運用，包括網路聊天、政治辯論、還有極化與不禮貌行為到處肆虐的其他脈絡。別只是聲明你相信的事：要提出論證。別讓其他人就只是宣布他們的立場：針對他們的理由提問。別打斷：仔細聆聽他們的答案。別太快攻擊對手：從寬解釋他們的看法。別侮辱或謾罵對手：要有禮貌而有敬意。別犯下謬誤：對你自己的推論保持批判力。別認為你有所有的答案：要謙遜。

第六，教導其他人。你已經學到的技巧共享範圍還不夠廣闊，所以盡你所能多多分享。有一個方法牽涉到對論證過程的明確訓練或漫長討論，但那不是唯一的方式。你對別人的教導，可以就只是指出在非形式化的脈絡下出現的問題。在有人打斷別人的時候，你可以問：「你被打斷以前在說的是什麼？」在有人說一位對手瘋了或者傻了的時候，你可以說：「我不認為你瘋了。我想理解你的論點。」在一位講者提出一個壞論證的時候，你可以精確具體地指出那個論證哪裡不好。在他們提出一個好論證的時候，你可以說這個論證為何好。我們太常讓像這樣的教學機會流失。

我們無法總是遵循這些規則。要在每個議題上練習或建構並聆聽論證，會花掉太長時間。沒有人有那麼多耐性或時間。況且，不是每種狀況都適合教學，也不是每個閱聽眾都願意聽話學習；甚至不禮貌行為有時候都是有合理性的。雖然如此，我們全都可以藉著遵循這些規則，得到比現在更多的益處。所以，讓我們開始吧。

注釋
Notes

第1章　雖近猶遠

1 Nathaniel Persily, "Introduction," 在 *Solutions to Political Polarization in America*, edited by Nathaniel Persily (New York: Cambridge University Press, 2015), p. 4. 我對於各種「極化」的討論，有很多地方借重於 Persily 充滿洞見的導論。極化有時候被視為一段過程而不是一種狀態，但我會把極化視為一種狀態來討論。

2 以下統計數字來自：Pew Research Center, "Political Polarization in the American Public" (Washington, DC: Pew Research Center, June 2014).

3 Morris P. Fiorina, Samuel J. Adams, and Jeremy Pope, *Culture War? Myth of a Polarized America* (Upper Saddle River: Pearson Education, 2005) 這本書裡認為，這些極化現象的增加可以用「政黨區隔」(party sorting) 來解釋。Michael J. Barber and Nolan McCarty, "Causes and Consequences of Polarization," in *Solutions to Political Polarization in America*, ed. Persily，此文做了回應，論證說「換立場比換黨更常見」(p. 22)。政黨之間的極化，仍然沒有證明美國人整體而言變得更極化，因為溫和派的人可能離開兩黨，變成獨立派。無論如何，政黨之間的極化都還是個問題。

4 見 Linda Skitka and Anthony Washburn, "Are Conservatives from Mars and Liberals from Venus? Maybe Not So Much," in *Social Psychology of Political Polarization*, edited by Piercarlo Valdesolo and Jesse Graham (New York: Routledge, 2016), pp. 78-101 的引述，在 pp. 94-95. 對於自由派是否比保守派更有可能拒絕基改食物、疫苗與核子廢料的科學，有很活躍的辯論，但無疑地許多自由派反對在這些議題上的科學共識。

5 Donald Braman, Dan M. Kahan, Ellen Peters, Maggie Wittlin, Paul Slovic, Lisa Larrimore Ouellette and Gregory N. Mandel, 'The Polarizing Impact of Science Literacy and Numeracy on Perceived Climate Change Risks', *Nature Climate Change*, 2 (2012), 732.

6 Barber and McCarty, 'Causes and Consequences of Polarization', p. 38.

7 David R. Mayhew, *Divided We Govern: Party Control, Lawmaking, and Investigations, 1946–2002* (New Haven: Yale University Press, 2005).

8 這一節的統計資料來自：Pew Research Center, Washington, DC, 'Political Polarization in the American Public' in 2014 and 2016.

9 Shanto Iyengar, Gaurav Sood and Yphtach Lelkes, 'Affect, Not Ideology: A Social Identity Perspective on Polarization', *Public Opinion Quarterly* 76 (3) (2012), 405.

10 Pew Research Center, 'Political Polarization in the American Public' (2014).

11 Jonathan Rodden, 'Geography and Gridlock in the United States', in Persily (ed.), *Solutions to Political Polarization in America*, p. 118.

12 Rodden, 'Geography and Gridlock in the United States', p. 117.

13 參見Roshini Wickremesinhe and Sanjana Hattotuwa, 'Voting in Hate: A Study of Hate Speech on Facebook Surrounding Sri Lanka's Parliamentary Election of 2015', Centre for Policy Alternatives, Colombo, Sri Lanka (March 2016), http://www.cpalanka.org/wpcontent/uploads/2016/03/VotinginHate1.pdf。

14 參見Thitinan Pongsudhirak, 'Thai Voters in Yellow and Red Set for Crucial Elections', *The Korea Herald*, 21 March 2011, http://www.koreaherald.com/view.php?ud=20110321000145。

15 參見Hyunji Lee, 'Polarized Electorates in South Korea and Taiwan: The Role of Political Trust under Conservative Governments', https://fsi.stanford.edu/sites/default/files/lee_hyunji.oct12_2014.pdf。

16 Hulda Thórisdóttir, 'The Left–Right Landscape Over Time: The View from a Western European MultiParty Democracy', in Valdesolo and Graham (eds), *Social Psychology of Political Polarization*, pp. 38–58 at p. 42.

17 Thórisdóttir, 'The Left–Right Landscape Over Time: The View from a Western European MultiParty Democracy', p. 42.

18 Thórisdóttir, 'The Left–Right Landscape Over Time: The View from a Western European MultiParty Democracy', p. 46.

第2章　毒性談話

1 出自此處的討論：Daniel C. Dennett, *Intuition Pumps and Other Tools for Thinking* (New York: W. W. Norton, 2013), pp. 31–5.

2 參見Ben Shapiro, 'The Left Loses its Damn Mind', *The Ben Shapiro Show*, Episode 140, https://soundcloud.com/benshapiroshow/ep140

3 參見Boris Johnson, 'Boris Johnson's Speech on the EU Referendum: Full Text', 9 May 2016, http://www.conservativehome.com/parliament/2016/05/boris-johnsons-speech-on-the-eu-referendum-full-text.html。

4 參見沃爾希女男爵的推文，Sayeeda Warsi, 'Toxic, divisive & xenophobic political campaigning should have no place in a liberal democracy', 20 June 2016, https://twitter.com/SayeedaWarsi/status/744787830333804544。請與梅克爾的推文做比較：Angela Merkel, 'Hatred, racism, and extremism have no place in this country', 5 May 2017.

5 參見J. K. Rowling, 'On Monsters, Villains and the EU Referendum', 30 June 2016, https://www.jkrowling.com/opinions/monsters-villains-eu-referendum/。

6 參見Arun Kundnani, 'The RightWing Populism That Drove Brexit Can Only be Fought With a Genuinely Radical Alternative', AlterNet, 2 July 2016, http://www.alternet.org/world/rightwing-populism-drove-brexit-can-only-be-fought-genuinely-radical-alternative。

7 參見Sandy Marrero, 'When it Comes to Human Dignity, We Cannot Make Compromises', Prezi, 3 January 2015, https://prezi.com/lfqwky4jv6em/when-it-comes-to-human-dignity-wecan-not-make-compromises/。

8 參見Sarah Wildman, 'Marine Le Pen is Trying to Win the French Elections with a Subtler Kind of Xenophobia', *Vox*, 6 May 2017, https://www.vox. com/world/2017/4/21/15358708/marinele-pen-french-elections-far-right-front-national。

9 Diana Mutz, *In-Your-Face Politics: The Consequences of Uncivil Media* (Princeton, NJ: Princeton University

Press, 2015), Chapter 2.

10 Cass R. Sunstein, *#Republic: Divided Democracy in the Age of Social Media* (Princeton, NJ: Princeton University Press, 2017), p. 86.

11 Mutz, *In-Your-Face Politics: The Consequences of Uncivil Media*, Chapter 3.

第3章　噤言之聲

1 'Partisanship and Political Animosity in 2016: Highly Negative Views of the Opposing Party and its Members' (Washington, DC: Pew Research Center, 22 June 2016), p. 2, http://www.people-press.org/2016/06/22/partisanship-and-political-animosity-in-2016/。

2 例如：Elisabeth NoelleNeumann, *The Spiral of Silence: Public Opinion – Our Social Skin* (Chicago, IL: University of Chicago Press, 1984).

3 請比較Miranda Fricker, *Epistemic Injustice: Power and the Ethics of Knowing* (Oxford: Oxford University Press, 2007).

4 Gregory J. Martin and Ali Yurukoglu, 'Bias in Cable News: Persuasion and Polarization', Working Paper #20798 (Cambridge, MA: National Bureau of Economic Research, December 2014).

5 參見Jeffrey Gottfried and Elisa Shearer, 'News Use Across Social Media Platforms 2016', Pew Research Center: Journalism & Media, 26 May 2016, http://www.journalism.org/2016/05/26/ news-use-across-social-media-platforms-2016/。

6 有個有趣的例子，參見https://www.buzzfeed.com/lamvo/facebook-filter-bubbles-literal-daughter-conservative-mom。

7 Obergefell v. Hodges, 576 U.S.___ (2015). 在另外一個議題上，一個二〇一二年的皮尤研究中心調查報告發現，有百分之七十六的回應者對《患者保護與平價醫療法案》的最高法院判決表達了意見，但在被問到最高法院的判決內容時，只有百分之五十五回答正確。
8 Cengiz Erisen, Dave Redlawsk and Elif Erisen, 'Complex Thinking as a Result of Incongruent Information Exposure', *American Politics Research* (30 August 2017); DOI: 10.1177/1532673X17725864.
9 Cass R. Sunstein, *#Republic: Divided Democracy in the Age of Social Media* (Princeton, NJ: Princeton University Press, 2017), pp. 91–2.
10 James S. Fishkin, *The Voice of the People: Public Opinion and Democracy* (New Haven, CT: Yale University Press, 1995). 但請比較 Ian Shapiro, 'Collusion in Restraint of Democracy: Against Political Deliberation', Daedalus, 146 (3) (Summer 2017), 77–84.
11 網站位於此處：https://www.reddit.com/r/changemyview/。也請參見 Sunstein, *#Republic*, pp. 134, note 69 and 232, note 20.

第 4 章　論證能做什麼

1 David Hume, *A Treatise of Human Nature* (1738), II.3.3, 415.
2 David Hume, *An Enquiry Concerning the Principles of Morals* (1751), Section 1, paragraph 9.
3 參見'Migrant Crisis: Migrant Europe Explained in Seven Charts', 4 March 2016, 網址：http://www.bbc.com/news/world-europe-34131911。
4 Dale Carnegie, *How to Win Friends and Influence People* (New York: Simon & Schuster, 1936).
5 Oscar Wilde, *The Happy Prince and Other Stories* (London, 1888).
6 參見 Megan Phelps-Roper, 'I Grew Up in the Westboro Baptist Church. Here's Why I Left', March 2017, https://www.ted.com/talks/megan_phelps_roper_i_grew_up_in_the_westboro_baptist_church_here_s_why_i_left/transcript?language=en。也可參見 Adrian Chen, 'Unfollow: How a Prized Daughter of Westboro Baptist Church Came to Question its Beliefs', *The New Yorker*, 23 November 2015. 更多在證據影響下大幅

改變立場的例子，可以見諸於Osha Gray Davidson的 *The Best of Enemies: Race and Redemption in the New South* by (New York: Scribner's, 1996)，其中關於民權運動分子安．艾瓦特（Ann Atwater）與前三K黨人領袖C．P．艾利斯（C. P. Ellis）的部分；還有馬修．歐斯坦（Matthew Ornstein）在網飛（Netflix）的紀錄片 *Accidental Courtesy: Daryl Davis, Race & America* (2016)，談的是一位跟三K黨成員交朋友的黑人音樂家；還有前白人民族主義者德瑞克．布萊克（Derek Black）的故事。

7 P. M. Fernbach, T. Rogers, C. R. Fox and S. A. Sloman, 'Political Extremism is Supported by an Illusion of Understanding', *Psychological Science*, 24 (6) (2013), 939–46. 在他們後來的著作《知識的假象：為什麼我們從未獨立思考？》（*The Knowledge Illusion: Why We Never Think Alone*）的第九章，斯洛曼跟菲力浦．芬恩巴赫（P. M. Fernbach）補上了兩個重要的限定條件。首先，比起政策議題（像是碳交易），「如何」的問題在與神聖價值有關的面向上（像是墮胎）有不同的效果。第二，關於「如何」的問題會暴露出人的錯覺與無知，這樣也可能惹毛某些人，讓他們更不想討論這個議題。就像所有的工具一樣，提出問題只在某些脈絡下有效，而且需要小心謹慎地使用。

8 在他們談當責的其他作品之中，請參見Jennifer S. Lerner, Julie H. Goldberg and Philip E. Tetlock, 'Sober Second Thought: The Effects of Accountability, Anger, and Authoritarianism on Attributions of Responsibility', *Personality and Social Psychology Bulletin*, 24 (6) (1998), 563–74.

9 Jaime Napier and Jamie Luguri, 'From Silos to Synergies: The Effects of Construal Level on Political Polarization', in Piercarlo Valdesolo and Jesse Graham (eds), *Social Psychology of Political Polarization* (New York and Abingdon: Routledge, 2016), pp. 143–61.

10 Pew Research Center, Washington, DC, 'Political Polarization in the American Public' (June 2014), p. 59.

11 此說出自此書：Avishai Margalit, *On Compromise and Rotten Compromises* (Princeton, NJ: Princeton University Press, 2009)

第5章　為何要學如何提出論證？

1 Marilyn vos Savant, 'Ask Marilyn', *Parade* magazine (1990).

2 這種錯誤是以下這本書裡談的普遍原則中的一個實例：Daniel C. Molden and E. Tory Higgins, 'Motivated Thinking', in Keith J. Holyoak and Robert G. Morrison (eds), *The Cambridge Handbook of Thinking and Reasoning* (New York: Cambridge University Press, 2005), pp. 295–317.

3 Ben M. Tappin, Leslie van der Leer and Ryan T. McKay, 'The Heart Trumps the Head: Desirability Bias in Political Belief Revision', *Journal of Experimental Psychology: General*, 146 (8) (August 2017), 1143–9.

4 Daniel Kahneman, Paul Slovic and Amos Tversky (eds), *Judgment Under Uncertainty: Heuristics and Biases* (Cambridge: Cambridge University Press, 1982), Chapter 4. 一個更廣為人知的代表性捷思法範例，是一位女性主義者兼銀行職員琳達（出現在第六章）。

5 Leda Cosmides and John Tooby, 'Can a General Deontic Logic Capture the Facts of Human Moral Reasoning? How the Mind Interprets Social Exchange Rules and Detects Cheaters', in Walter SinnottArmstrong (ed.), *Moral Psychology, Volume 1: The Evolution of Morality: Adaptations and Innateness* (Cambridge, MA: MIT Press, 2007), pp. 53–120.

6 Hugo Mercier and Dan Sperber, 'Why Do Humans Reason? Arguments for an Argumentative Theory', *Behavioral and Brain Sciences* 34 (2) (2011), 57–111 at 63 and 72。也請參見Hugo Mercier and Dan Sperber, *The Enigma of Reason* (Cambridge, MA: Harvard University Press, 2017).

7 科學中的這種糾正過程，請見此書：Miriam Solomon, *Social Empiricism* (Cambridge, MA: MIT Press, 2007).

8 R. Ritchhart and D. N. Perkins, 'Learning to Think: The Challenges of Teaching Thinking', in Holyoak and Morrison (eds), *The Cambridge Handbook of Thinking and Reasoning*, pp. 775. 這些負面結果可以反映出受到測試的特定教學方法中的不足之處。

9 Mercier and Sperber, 'Why Do Humans Reason?', 57–111.

第6章　如何看到論證

1 請看Monty Python, 'Argument Clinic' sketch (1976), https://www.youtube.com/watch?v=YUIA40uLlKw。

2 參見下面談人身攻擊謬誤的段落。

3 這個定義是來自羅伯特・福吉林。他跟我曾經在下面這本書裡為一個相近定義辯護過：Walter Sinnott-Armstrong and Robert Fogelin, *Understanding Arguments: An Introduction to Informal Logic*, 9th edn (Stamford, CT: Cengage Advantage Books, 2014)。

4 我不會在此糾結於前提跟結論算是陳述、命題還是語句的技術問題，因為這些細微之處並不會影響這本書中的普遍性議題。我也會容許只有一個前提的論證，但論證必須有至少一個前提。要是發言者知道這些前提其實根本不是真正的理由，但他卻這樣呈現，以便愚弄某些閱聽眾呢？我傾向於認定他給出的還是個論證，雖然他無意讓論證前提成為支持結論的真正理由。這解釋了我為何把論證定義成「提出理由」，這意謂著論證前提本來就是要被當成理由來看待。

5 Aristotle, *Physics*, II, 3, and *Metaphysics*, V, 2. 請注意，一個論辯者想讓某個論證達到某個目的的欲望，就是讓論辯者給出論證的起因。

6 'Conservative South Koreans Rally against President Park's Impeachment', *Asia Times*, 17 December 2016, http://www.atimes.com/article/conservative-south-koreans-rally-parksimpeachment。

第7章　如何停止論證

1 從literallyunbelievable.org與Snopes.com這兩個網站，可以看到很爆笑的實例。

2 Sextus Empiricus, *Outlines of Pyrrhonism*.

3 見Walter Sinnott-Armstrong, *Moral Skepticisms* (New York: Oxford University Press, 2006), Chapter 4。

4 關於如何把我們的目標限制在某些相對性的等級，細節請看我的著作《道德懷疑主義》（*Moral Skepticisms*）第五章。

5 Ludwig Wittgenstein, *On Certainty*, edited by G. E. M. Anscombe and G. H. von Wright (Oxford: Basil Blackwell, 1969).

6 Cass R. Sunstein, Sebastian Bobadilla-Suarez, Stephanie C. Lazzaro and Tali Sharot, 'How People Update Beliefs about Climate Change: Good News and Bad News'（即將出版；寫於二〇一六年九月二日，可見於SSRN: https://ssrn.com/abstract=2821919 或者http://dx.doi.org/10.2139/ssrn.2821919。

7 J. O. Urmson, 'On Grading', *Mind*, 59 (234) (1950), 145–69.

8「平等交換」公平交易咖啡（Advertisement for Equal Exchange fair trade coffee）Copyright © 1997, 1998, 1999。

第8章　如何完成論證

1 哪種可能性？請考量這句話：「這棟建築物有一百公尺高，所以我不可能從上面跳過去。」如果跳過一百公尺的高度在概念上是可能的，物理上卻不可能，這個論證有效嗎？幸運的是，這樣棘手的例子不會影響我在此的主要論點，所以我不會停下來擔心這些複雜枝節。

2 請參見Walter Sinnott-Armstrong and Robert Fogelin, *Understanding Arguments: An Introduction to Informal Logic*, 9th edn (Stamford, CT: Cengage Advantage Books, 2014), Chapters 6–7.

3 'New Approaches Needed to Address Rise of Poor Urban Villages in the Pacific', *Asia Today*, 19 October 2016, http://www.asiatoday.com/pressrelease/new-approaches-needed-address-rise-poor-urban-villages-pacific。

第9章　如何評估論證

1〈希臘語譯員〉（'The Greek Interpreter'）收錄於亞瑟．柯南．道爾（Sir Arthur Conan Doyle），《夏洛克．福爾摩斯回憶錄》（*The Memoirs of Sherlock Holmes*〔London: George Newnes, 1894〕）, p.183。

2 John Dewey, *The Quest for Certainty: A Study of the Relation of Knowledge and Action* (New York: Capricorn, 1960).

3 有時候，用條件性的理由而非條件機率來思考歸納論證的效力，可能更為直覺。請比較基斯・雷勒（Keith Lehrer）的《Knowledge》（Oxford: Clarendon Press, 1974），其中以機率來分析證成過程，還有雷勒的《Theory of Knowledge》（Routledge, 1990），他在此書中則透過理由來分析證成過程。這種哲學上的區別，並不會影響我在本書中的主要論點。

4 假定愛丁堡有五萬輛汽車與一千輛飛雅特。證人會指認出百分之九十，或者說在一千輛飛雅特中認出其中九百輛。但他也會誤認百分之十，或者說在四萬九千輛不是飛雅特的車裡，誤認其中四千九百輛是飛雅特。因此，在900+4900=5800輛他會指認成飛雅特的車子裡，只有900/5800=15.5%真的是飛雅特。

5 要更了解對這些以及其他種類的歸納論證，請見我與羅伯特・福吉林合著的教科書《Understanding Arguments: An Introduction to Informal Logic》第九版（Stamford, CT: Cengage Advantage Books, 2014），還有我與藍・尼塔（Ram Neta）在Coursera網站上的開放線上課程，「再思考：如何推論與論證。」

6 馬丁・路德・金恩（Martin Luther King, Jr.）的演講我有一個夢（'I Have a Dream...'〔1963〕，https://www.archives.gov/files/press/exhibits/dream-speech.pdf）

7 二〇〇三年二月五日，科林・鮑威爾將軍對聯合國安理會的演講，請見網址：http://www.americanrhetoric.com/speeches/wariniraq/colinpowellunsecuritycouncil.htm。

第10章　如何避免謬誤

1 這個例子出自*Squad Helps Dog Bite Victim and Other Flubs from the Nation's Press*, edited by Columbia Journalism Review (Garden City, New York: Doubleday, 1980).

2 出自Matthew H. Hurley, Daniel C. Dennett, and Reginald B. Adams, Jr., *Inside Jokes: Using Humor to Reverse-Engineer the Mind* (Cambridge, MA: MIT Press, 2011).

3 Roy Sorensen, 'Vagueness', in Edward N. Zalta (ed.), *The Stanford Encyclopedia of Philosophy* (Winter 2016 edition), https://plato.stanford.edu/archives/win2016/entries/vagueness/。

4 'Torture Memos', Wikipedia, https://en.wikipedia.org/wiki/Torture_ Memos

5 Jeffrey Hart, 'Protesters are "Ugly, Stupid" ', *King Features*.

6 American Psychological Association. 'Report of the Task Force on the Role of Psychology in the Criminal Justice System', *American Psychologist*, 33 (1978), 1099–1113, https://www.ncjrs.gov/App/abstractdb/AbstractDBDetails.aspx?id=62100。這個基本論點，從這份報告出現後還未曾改變。

7 參見Miriam Solomon, *Social Empiricism* (Cambridge, MA: MIT Press, 2007)。

8 參見'International Panel on Climate Change', Wikipedia, https://en.wikipedia.org/wiki/Intergovernmental_Panel_on_Climate_Change。

9 這個論點乍看可能像是在說，任何出自普遍性前提的有效論證都丐題，但並非如此，就像我在 'Begging the Question', *Australasian Journal of Philosophy*, 77 (2) (1999), 174–91裡指出的。

10 例如Gary N. Curtis, 'The Fallacy Files', http://www.fallacyfiles.org，以及Don Lindsay, 'A List of Fallacious Arguments' (2013), http://www.don-lindsay-archive.org/skeptic/arguments.html。

第11章　如何反駁論證

1 要看更多關於論證的課程，請看我與藍·尼塔在Coursera平台上的線上課程「再思考：如何推論與論辯」，還有我與羅伯特·福吉林合著的參考書《Understanding Arguments: An Introduction to Informal Logic》。

再思考

一堂近百萬人爭相學習的
杜克大學論辯課，
你將學會如何推理與舉證，
避免認知謬誤

再思考：一堂近百萬人爭相學習的杜克大學論辯課，你將學會如何推理與舉證，避免認知謬誤／華特．西諾－阿姆斯壯（Walter Sinnott-Armstrong）著；吳妍儀譯
－初版.－臺北市：麥田出版：
家庭傳媒城邦分公司發行，2019.3
面；公分
譯自：Think again : how to reason and argue
ISBN 978-986-344-630-9(平裝)
1.邏輯 2.思考
150　　108001606

封面設計　莊謹銘
印　　刷　漾格科技股份有限公司
初版一刷　2019年3月

定　　價　新台幣360元
I S B N　978-986-344-630-9
Printed in Taiwan

作　　者　華特・西諾—阿姆斯壯
　　　　　（Walter Sinnott-Armstrong）
譯　　者　吳妍儀
責任編輯　林如峰
國際版權　吳玲緯　蔡傳宜
行　　銷　艾青荷　蘇莞婷
業　　務　李再星　陳紫晴　陳美燕
主　　編　林怡君
編輯總監　劉麗真
總 經 理　陳逸瑛
發 行 人　涂玉雲

出　　版
麥田出版
台北市中山區104民生東路二段141號5樓
電話：(02) 2-2500-7696　傳真：(02) 2500-1966
網站：http://www.ryefield.com.tw

發　　行
英屬蓋曼群島商家庭傳媒股份有限公司城邦分公司
地址：10483台北市民生東路二段141號11樓
網址：http://www.cite.com.tw
客服專線：(02)2500-7718; 2500-7719
24小時傳真專線：(02)2500-1990; 2500-1991
服務時間：週一至週五09:30-12:00; 13:30-17:00
劃撥帳號：19863813　戶名：書虫股份有限公司
讀者服務信箱：service@readingclub.com.tw

香港發行所
城邦（香港）出版集團有限公司
地址：香港灣仔駱克道193號東超商業中心1樓
電話：+852-2508-6231　傳真：+852-2578-9337
電郵：hkcite@biznetvigator.com

馬新發行所
城邦（馬新）出版集團【Cite(M) Sdn. Bhd. (458372U)】
地址：41-3, Jalan Radin Anum, Bandar Baru Sri Petaling,
57000 Kuala Lumpur, Malaysia.
電話：+603-9056-3833　傳真：+603-9057-6622
電郵：cite@cite.com.my